Le service social hospitalier :
de l'état d'indigence
à l'appropriation des droits ?

Collection **Travail du Social**
dirigée par Alain Vilbrod

La collection s'adresse aux différents professionnels de l'action sociale mais aussi aux chercheurs, aux enseignants et aux étudiants souhaitant disposer d'analyses pluralistes approfondies à l'heure où les interventions se démultiplient, où les pratiques se diversifient en écho aux recompositions du travail social.
Qu'ils émanent de chercheurs ou de travailleurs sociaux relevant le défi de l'écriture, les ouvrages retenus sont rigoureux sans être abscons et bien informés sur les pratiques sans être jargonnants.
Tous prennent clairement appui sur les sciences sociales et, dépassant les clivages entre les disciplines, se veulent être de précieux outils de réflexion pour une approche renouvelée de la question sociale et, corrélativement, pour des pratiques mieux adaptées aux enjeux contemporains.

Dernières parutions

Gilles ALLIÈRES, *Les sous-mariniers et leurs familles*, 2000.
Jean LAVOUÉ, *Éduquer avec les parents*, 2000.
Armelle MABON, *L'action sociale coloniale. L'exemple de l'Afrique occidentale française du Front populaire à la veille des Indépendances*, 2000.
Alberto GODENZI, Laura MELLINI, Jacqueline De PUY, *VIH / sida, lien de sang, lien de cœur*, 2001.
Maryline BARILLET-LEPLEY, *Sexualité et handicap : le paradoxe des modèles*, 2001.
Marie-Christine HÉLARI, *Les éducateurs spécialisés entre l'individuel et le collectif*, 2001.
Gilles SERAPHIN, *Agir sous contrainte*, 2001.
Raymond CURIE, *Banlieues et universités en Île-de-France*, 2001.
Catherine BOUVE, *Les crèches collectives : usagers et représentations sociales*, 2001.
Elisabeth PRIEUR, Emmanuel JOVELIN (eds.), *Quel social pour quelles société au XXIème siècle ?* 2001
J. DENIOT, A. DUSSUET, C. DUTHEIL, D. LOISEAU (dir.), *Femmes, identités plurielles*, 2001.

Janine BEAUGRAND, Elyane CAUBET,
Marie-Noëlle LE FLOCH, Francine ROLAND
et Sylvie SEGOUIN

Le service social hospitalier : de l'état d'indigence à l'appropriation des droits ?

Préface de Alain CORDIER

L'Harmattan
5-7, rue de l'École-Polytechnique
75005 Paris
France

L'Harmattan Hongrie
Hargita u. 3
1026 Budapest
HONGRIE

L'Harmattan Italia
Via Bava, 37
10214 Torino
ITALIE

© L'Harmattan, 2002
ISBN : 2-7475-1839-6

« *Le travailleur social a choisi de faire ce qu'il fait parce qu'il est concerné par autrui, parce qu'il est interpellé par sa souffrance, parce qu'il sait reconnaître une situation d'injustice, parce qu'il a appris à décoder un regard. Il ne résout pas nécessairement les problèmes qu'il rencontre mais il est présent et l'autre le sait* [1]. »

Marie-Antoinette Rupp.

---

[1] Rupp Marie-Antoinette. – *Quarante années d'action sociale en France (1946-1986) ; un canevas pour les travailleurs sociaux.* Toulouse, Editions Privat, 1986.

Les réponses aux questionnaires sur la responsabilité nous ont permis d'analyser la sociologie de l'organisation du service social hospitalier à l'Assistance Publique-Hôpitaux de Paris. Nous tenons à remercier les cadres socio-éducatifs pour leur participation à l'enquête sur les conditions de travail, sans laquelle leur fiche d'identité n'aurait pu être établie. Nous remercions aussi M. Alain Vilbrod à la fois pour ses suggestions pertinentes et pour sa confiance.

PREFACE

Conseiller, orienter, soutenir, aider, informer, afin que chaque personne puisse accéder dans des conditions adaptées aux filières de prévention et de soins : telle est la haute mission des assistants socio-éducatifs hospitaliers. Même si ce livre, rédigé par une équipe de cinq cadres socio-éducatifs de l'Assistance Publique-Hôpitaux de Paris, se fait parfois un tantinet revendicatif – mais comment ne pas porter attention à certaines des demandes exprimées, en particulier sur la nécessaire « transversalité » de l'action des services sociaux –, on saluera ce travail de mises en scène pédagogiques, non dénuées d'humour, et de réflexions théoriques, dont l'ensemble permet de mieux esquisser le sens du « social » à l'hôpital, qu'il est essentiel de mesurer.

Nos auteurs témoignent de la richesse du travail engagé – et depuis longtemps comme le rappelle l'histoire du XXe siècle – par l'ensemble des acteurs sociaux qui, de plus en plus, savent aussi bien mettre à profit un temps de « détour » philosophique et sociologique pour mieux comprendre et mieux agir, que faire preuve d'imagination pour créer les conditions d'une meilleure prise en charge du malade, comme fut, il y a quelques années, la mise en place d'antennes d'accueil spécifiques dans les hôpitaux pour garantir à tous l'accès aux soins.

Les maux de l'exclusion, certaines conditions de vie à l'origine de désocialisations et de violences, le diktat de certains impératifs économiques sans suffisante reconnaissance des solidarités, le poids grandissant de certaines maladies dégénératives face aux solitudes anciennes et nouvelles, bousculent souvent une trop tranquille assurance liée aux progrès scientifiques de la médecine voire aux mécaniques supposées huilées du droit. Ecole de vie que les urgences hospitalières !

Hippocrate le savait, la clinique et la thérapie ne peuvent faire fi de l'environnement de vie et de la situation sociale du malade. De même, on ne prête jamais assez attention au décalage parfois phénoménal entre le droit social théorique et le droit réel. Nos services sociaux savent mieux que quiconque l'intelligence des situations et la capacité d'écoute et d'accompagnement dont il faut faire preuve pour s'y retrouver dans le maquis de certaines procédures administratives, en dépit des avancées législatives récentes. Enfin, certaines des alternatives à l'hospitalisation traditionnelle, qui rencontrent souvent le souhait des malades, la performance médicale et le souci du gestionnaire, s'avèrent parfois inadaptées aux malades vivant seuls, habitant des logements peu adaptés ou insalubres, voire sans domicile fixe.

Pour ces raisons, la reconnaissance du rôle des services socio-éducatifs à l'hôpital, la recherche de leur insertion la plus appropriée dans l'organisation des soins, méritent une grande attention. Il s'agit bien de faire appel à de vrais professionnels – l'image d'Epinal de l'assistante sociale dame de compagnie est bien finie – pouvant intervenir à plusieurs reprises au cours d'un séjour hospitalier, dialoguant aussi bien avec l'équipe médicale et soignante qu'avec les responsables administratifs, capables d'une autre écoute et d'une autre rencontre avec le malade.

Ce travail ne vaut pas seulement pour les plus démunis ; il vaut pour tout malade. Chaque souffrance, chaque pathologie s'inscrivent dans une histoire personnelle. Et il faut savoir croiser les points de vue – celui du médecin, celui de l'infirmier, celui de l'aide-soignant, celui du travailleur social – pour écouter cette histoire, toute cette histoire, et n'en rien perdre qui puisse aider à lutter efficacement contre la maladie, la souffrance et la mort. Ce livre parle ainsi de « coveillance » : « outre la bienveillance, la coveillance consiste à veiller ensemble ». « Veiller ensemble » avec le monde médical et soignant pour « décoder le regard » et aller à la rencontre du visage d'autrui. « Veiller ensemble » également, avec les gestionnaires, en charge, au nom de tous, de veiller à la meilleure utilisation possible des ressources publiques. La déontologie suppose aussi la transparence des coûts nécessaire à une attitude responsable.

Veiller, c'est redécouvrir le temps. Temps nécessaire à l'expression de la souffrance. Temps nécessaire à l'écoute et au discernement. Temps nécessaire à une prise en charge multiforme des pathologies. Durée – non pas lenteur – sans laquelle l'homme comme la société ne peuvent se construire, se projeter dans l'avenir, signe de vie. « Projet de vie » *dit-on précisément.*

Ainsi, ce livre soulève, comme d'autres, l'essentiel. Il tient en peu de mots, mais il engage le quotidien des hospitaliers : aucun progrès médical ne vaudra si un homme, un seul, ne peut recevoir durablement les soins que suppose son état. Accepter la brèche que creuse le visage de l'autre qui con-voque et oblige, se laisser appeler au dépassement du seul train d'être, tel est le prolongement philosophique qu'il convient de découvrir et auquel ces pages invitent.

Partons de l'origine, lorsque les hôpitaux s'appelaient « Hôtel-Dieu ». *Ce nom signifiait que le plus petit, le plus pauvre, le plus démuni était le visage de Dieu. Et les premiers règlements intérieurs d'ordonner de recevoir le malade comme un* « maistre de maison ». *A l'Assistance Publique-Hôpitaux de Paris, nous avons souligné fortement, bien plus tard, cet appel décisif qui est l'éthique même de tout hospitalier :* « le malade est le cœur de notre action ».

Ainsi, reconnaître l'éminente dignité de la personne, c'est comprendre l'au-delà des organes et des cellules, c'est prendre avec les signes cliniques l'ensemble de l'humain. L'éthique hospitalière ne se réduit pas aux seules questions dites de bioéthique ; elle veut dire responsabilité pour autrui, dans le quotidien des gestes, des paroles échangées et de l'accompagnement social, comme dans l'exceptionnel de certains actes décisifs. « Le travailleur social a choisi de faire ce qu'il fait parce qu'il est concerné par autrui, parce qu'il est interpellé par sa souffrance, parce qu'il sait reconnaître une situation d'injustice, parce qu'il a appris à décoder un regard », *souligne l'épigraphe de ce livre. Provocation à penser l'hôpital !*

Alain CORDIER,
*Président du Directoire de Bayard Presse,
Ancien Directeur Général
de l'Assistance Publique-Hôpitaux de Paris.*

INTRODUCTION

Le métier de responsable des assistantes sociales a fonctionné longtemps grâce à un apprentissage sur le terrain par une transmission orale, les professionnelles étant peu enclines à rédiger et à exposer leur espace de pratiques. Cet ouvrage répond à trois ambitions : trouver une dynamique pour tenter d'identifier et de comprendre l'état des lieux suite au décret du 26 mars 1993 portant statut des cadres et des professionnels du social ; sortir de l'individualisme commun au métier d'assistant de service social essentiellement préparé au colloque singulier avec l'usager en les invitant à des échanges suscités par la critique de l'ouvrage ; enfin, considérer le métier d'assistant de service social et son évolution à l'hôpital à partir d'un groupe de réflexion partageant les mêmes intérêts. Depuis 1996, à l'occasion de publications d'enquêtes en gérontologie, nous sommes cinq cadres socio-éducatifs, responsables de service social à l'AP-HP à nous être cooptées du fait de nos parcours distincts et complémentaires de formation, de nos responsabilités différentes sur le terrain et de nos approches interactives et prospectives de la vie professionnelle et hospitalière. Nous avons choisi de poursuivre nos réflexions pour donner forme et vie au projet commun du manuscrit. Nous souhaitons ainsi apporter notre contribution à l'histoire encore jeune du métier et faire bénéficier de nos observations les étudiants, nos consœurs et confrères hospitaliers ou non, les différents partenaires intra ou extra institutionnels mais aussi le public potentiellement concerné. Toutes les fois où les adjectifs et les participes sont accordés avec l'assistant socio-éducatif, bien qu'écrits au masculin, ils supposent également le féminin.

L'ouvrage résulte d'un travail de trois ans ayant débuté par l'écriture de huit saynètes suivies d'un livret d'analyses des pratiques. A partir de l'empirisme, la collecte d'informations a apporté un regard inattendu sur les limites de l'organisation et sur l'évolution du métier. Les recherches sur l'histoire du service social à l'hôpital corrélées à l'évolution des politiques sociales nous ont donné un éclairage sur la dynamique du métier. L'observation des problématiques professionnelles reposait sur le constat souvent entendu et en particulier à l'hôpital, « le social coûte cher et ne rapporte pas ». Les interrogations entourant ce constat ont suscité dans leur sillage l'émergence d'un autre constat : l'insertion rejoint l'enfermement et inversement. Ainsi l'accès aux droits porte atteinte à la liberté. Partant de là, nous avons cherché à démontrer que les interventions sociales ne sont pas de simples coups d'épée dans l'eau. Pour chaque situation donnée, l'alchimie de l'authenticité et du respect de choix du projet de vie corrélée aux dispositifs socio-réglementaires façonnent les échanges professionnels interactifs. Source d'autonomie pour le citoyen malade, l'accompagnement social pédagogique catalyse et développe une réelle production humaine et vivante, acte inachevé toujours en évolution dont la lisibilité ne peut s'observer que rarement dans l'immédiat mais en temps différé.

La partie conceptuelle sous-tendant notre démarche nous manquait alors qu'elle était constamment sous-jacente et tellement présente que nous avions des difficultés à nous en saisir. Nous avons tenté de la définir, il s'agit du crédit d'autorité conféré au cadre socio-éducatif et de sa responsabilité. Le crédit d'autorité traduit le positionnement et la compétence accordés au personnel d'encadrement, garant des règles du métier et des activités de l'équipe qu'il conduit. Le cadre socio-éducatif incarne l'ascendant moral de l'expert grâce auquel il est écouté, approuvé et suivi sans avoir à invoquer sa position hiérarchique, tant auprès de l'équipe que de la direction. Si la responsabilité des cadres à l'hôpital est globalement traitée, celle du service social n'a jamais été un objet d'études. Une enquête a été réalisée en juin 2000 à partir de questionnaires envoyés aux responsables du service social des hôpitaux de l'AP-HP afin de servir de repère comparatif. Les outils répertoriés ont permis d'identifier l'acteur cadre socio-éducatif dans ses rôles, ses missions et son management selon l'organisation administrative de chaque hôpital.

L'attente d'une telle démarche visait à trouver un minimum de cohérence dans l'organisation et le fonctionnement du service social hospitalier. Paradoxalement, l'indigence des dispositifs nous a étonnées. Les limites de l'organisation, c'est-à-dire la précarité des conditions de travail, la double fonction clinique et d'encadrement et l'accès à l'encadrement sans formation, ont révélé qu'elles étaient partagées tant par les directions que par les responsables du service social. Toujours en vigueur mais tombée dans l'oubli, une circulaire de 1959 précise les dispositions pour garantir l'efficacité rationnelle de l'activité du service social. De fait, l'absence de structuration commune au niveau des quarante et un hôpitaux satellites de l'AP-HP a permis de mettre à plat une fiche d'identité du responsable, complètement hétérogène à la fois dans les fonctions, la formation, la gestion du personnel, la hiérarchie, l'évaluation et la notation. Outre le manque de cohérence de l'ensemble des fiches d'identité, les stratégies répertoriées affichaient elles-aussi une nette insuffisance au niveau de la stratégie de pilotage, indicateur non négligeable pour un manager.

Corroborant l'insuffisance d'utilisation de la stratégie de pilotage, les responsables du service social ont pointé les situations particulièrement difficiles à traiter en fonction des trois priorités retenues : la responsabilité dans l'organisation, dans le fonctionnement et, enfin, dans l'exercice clinique. Le socle de l'organisation, faute de ce qui lui est le plus nécessaire comme l'attribution de la fonction d'encadrement, des conditions de travail appropriées et l'accès à la fonction de cadre avec une formation, étaye son indigence. N'existant pas pendant les « Trente Glorieuses », l'indigence des conditions d'activité surgit paradoxalement dès le début de la massification de la précarité, au moment où le rôle social de l'hôpital est réaffirmé. Les responsables se heurtent aux difficultés liées au management clinique, aux applications réglementaires et au traitement de la question sociale touchant les populations vulnérables. Ces contraintes reflètent l'écueil de la fonction d'encadrement technique liée à la double fonction clinique et de management. Répondant suivant le caractère prioritaire du contexte, le cadre socio-éducatif est confronté au dilemme permanent dû à la fois à la double fonction clinique et de manager et à laquelle peuvent s'ajouter les injonctions pouvant émaner de la direction. Ses marges de manœuvre le font achopper aux frontières consenties ou imposées. Bien souvent, la saturation est une des réponses à l'incohérence de la double fonction. Réductrice chaque fonction à temps partiel et variable constitue et inhibe les propositions et les actions du cadre biface, devenant atypique pour la direction, son équipe et le collège des cadres.

Les incidences des défaillances liées à l'organisation se situent inéluctablement dans les dysfonctionnements. Par ordre décroissant, ils se traduisent pour le responsable dans la gestion des troubles de santé de l'équipe, les difficultés liées au recrutement, les marges de manœuvre, la paix sociale, le partenariat avec la direction, la gestion de l'information et, enfin, dans la gestion du stress. A la fois pléthoriques et chronophages, les dysfonctionnements occupent l'espace de la matérialisation des actes. Du fait des charges de travail, le temps qui fait réellement défaut devient un alibi dont se dote le cadre biface qui épouse à la fois la stratégie d'évitement du management et la stratégie de résistance passive basée sur le *surbooking*.

Notre attente de cohérence au niveau des conditions de management a été déçue dès lors que la sociologie de l'organisation hospitalière brille manifestement des feux de l'hétérogénéité. L'indigence rencontrée chez une partie des usagers est susceptible de générer une crainte de mimétisme chez les professionnels. Le refus d'amalgame a poussé les responsables à attester de la productivité de l'activité du service social afin de le soustraire au misérabilisme contagieux, au demeurant abusif. Pour ce faire, nous avons pris l'option de calquer la galerie des portraits de l'assistant socio-éducatif à l'hôpital sur les huit vecteurs de l'entreprise [2]. Les huit saynètes, extraites des interventions professionnelles, ont été écrites à partir des vecteurs indiquant les objectifs, sortes d'arrêts sur image qui ont guidé l'esprit dans lequel les

---

[2] Lamarque Patrick. – *Les désordres du sens. Alerte sur les médias, les entreprises, la vie publique.* Paris, ESF 1993 (p. 202).

coauteurs se projettent vers l'avenir. L'an 2000 est une période charnière pour l'accréditation des Hôpitaux dont ceux de l'Assistance Publique-Hôpitaux de Paris. Les indicateurs de qualité nous ont permis de pointer les écarts entre les pratiques et la déontologie et ils ont entraîné la prise de décision d'écriture des séquences professionnelles. Les huit mises en scène prennent appui sur les deux échelles de vecteurs proposées, pérennité et tonicité, fusion et singularité, divisées chacune en quatre *items* paradoxaux et complémentaires.

PERENNITE	1 - se protéger / combattre
	2 - se renforcer / mobiliser
	3 - assurer ses bases / promouvoir
TONICITE	4 - réguler les relations internes et externes / développer
FUSION	5 - se fondre / chacun selon ses résultats
	6 - s'engager / promouvoir l'initiative
	7 - participer / respecter les individus
SINGULARITE	8 - adhérer / considérer les individus.

Les huit saynètes, sinon écrites à plusieurs mains du moins corrigées et rectifiées en commun, ont fait l'objet d'un consensus en même temps que leur partition nous servait d'exutoire. Née dans la mouvance cette partition contemporaine non exclusive témoigne de la participation de chacun non pas dans l'uniformité mais à partir de sa personnalité et des intérêts et enjeux professionnels en présence. Les huit saynètes nous ont permis de transcrire différents jeux d'acteurs qui invitent à l'ouverture des uns aux autres, d'une personne à une autre et d'une stratégie à l'autre utilisées par les différents partenaires et usagers que rencontrent l'assistant socio-éducatif et son responsable dans la pratique professionnelle à l'hôpital.

Souhaitant sortir des sentiers battus, les vecteurs de l'entreprise ont été retenus pour illustrer les interventions. Si le métier d'assistante sociale est un des plus anciens dans les professions sociales à s'être organisé en tant que tel, il a connu le besoin constant de redéfinir son champ d'intervention, son rôle et ses limites pour en garantir le dynamisme et la compétence. La genèse du service social apparaît avec l'industrialisation nécessitant des forces vives de main-d'œuvre contribuant au rendement et à l'économie. Au départ l'infirmière visiteuse faisait gagner du temps au médecin en même temps qu'elle lui conférait bonne conscience par la prise en charge des facteurs sociaux associés aux pathologies contagieuses pour la plupart. Négligés par la médecine, l'environnement et l'hygiène trouvaient leur expression dans le nouvel auxiliaire du médecin conférant par là-même sa participation active au mouvement politique et économique de la société industrielle.

Si le métier d'assistante sociale vise à insérer par l'autonomie la population dans notre société devenue hautement technologique, il reste néanmoins tributaire des commandes des institutions qui l'emploient, à partir des règles d'organisation et de leur fonctionnement spécifique. Dans les saynètes, les situations de précarité sont représentatives ainsi que la concurrence et les conflits des différentes hiérarchies, médicale, soignante, administrative, technique. La concurrence et les conflits ont pour corollaire le jeu d'influence. Tout jeu [3] s'articule à partir de l'application d'une règle qui départage *in fine* un gagnant et un perdant, excepté les jeux qui supposent une libre improvisation dans laquelle la fiction, l'attitude du « comme si » remplace la règle et joue la même fonction. Ce qui est différent de se mettre hors jeu qui signifie se mettre en dehors de la règle. Le ressort du jeu est pour chaque concurrent le désir de voir reconnue son excellence dans un domaine donné. Dans l'organisation hospitalière, le service social ne se montre pas concurrentiel. Le faible score des responsables en matière de stratégie de pilotage l'atteste selon les résultats de l'enquête. Les limites de l'organisation expliquent en partie l'atypie des cadres bifaces et réciproquement. Bien qu'ils souhaitent se démarquer d'une position traditionnelle de subordination voire d'allégeance, ils pérennisent leur contribution d'appoint par la synergie, l'alliance voire la négociation, sans règle réellement définie, à leurs risques et périls. Utilisent-ils la libre improvisation ?

---

[3] Caillois Roger. – *Les jeux et les hommes ; le masque et le vertige*. Paris, Editions Gallimard, 1967.

Traduisent-ils la fiction ? L'émergence de la contestation des conditions virtuelles de l'intervention sociale commence à se répandre chez les cadres socio-éducatifs. Tout en s'appropriant progressivement le statut, mais du fait du vide juridique qui l'accompagne, ils ne disposent pas des outils suffisants pour leur permettre d'être acteurs à part entière et de pouvoir jouer à jeu égal, c'est-à-dire en disposant et en suivant la même règle de jeu que leurs employeurs et leurs pairs.

L'histoire génère vraisemblablement cette attitude attentiste puisque l'expérience du docteur Cabot, venant d'outre-Atlantique, s'est propagée dès 1914 à la Pédiatrie française [4]. Cette innovation consistait à faire entrer à l'hôpital une « *social assistant* » salariée. Il ne s'agissait pas d'un projet personnel de la « *social assistant* », mais d'y favoriser l'intervention sociale. Téléguidé, ce salarié n'avait pas établi ses propres règles professionnelles mais répondait à celles qui lui étaient prescrites. Ayant fait école dans les hôpitaux et dans d'autres secteurs ensuite, cette activité a progressé pour devenir un véritable métier reconnu par une formation et un statut « inachevé ». Paradoxalement, l'influence de l'accompagnement social pédagogique est restée canalisée dans le registre de l'exécution. Si les récentes dispositions législatives [5] maintiennent l'assistant de service social dans le corps de catégorie B de la Fonction publique hospitalière, elles soumettent en quelque sorte les professionnels aux autorités administrative, financière, médicale, politique et judiciaire.

Leur champ de manœuvre limité à un certain nombre de paramètres internes et externes à l'institution explique en partie leur « crise d'identité ». La mission des assistants de service social consiste néanmoins et toujours à promouvoir et à développer à l'aube du troisième millénaire l'autonomie des individus par l'insertion sociale, bien que peu préparés à l'argumentation économique et politique. Leur rôle de marginal sécant [6], malgré le flou et la dilution des jeux

---

[4] Bouquet Brigitte et Garcette Christine. – *Assistante sociale aujourd'hui.* Paris, Editions Maloine, 1998 (p. 36).
[5] Décret n°93-652 du 26 mars 1993.
[6] Crozier Michel et Friedberg Erhard. – *L'acteur et le système.* Paris, Le Seuil, 1977 (p. 73).

d'influence, est désigné lorsque l'acteur est partie prenante dans plusieurs systèmes d'actions en relation les uns avec les autres et qui peut de ce fait jouer le rôle indispensable d'intermédiaire et d'interprète entre des logiques d'action différentes, voire contradictoires. L'état des lieux dans le champ hospitalier reflète bien les paradoxes qui entrent dans une double problématique. D'une part, l'assistant de service social doit faire preuve d'expertise dans la dynamique de définition d'objectifs, de conduite de projets, de planification et d'évaluation de l'action s'ajoutant au travail partenarial. D'autre part, il est pris dans une logique de marché fonctionnant à l'offre et à la demande, circonscrite par la rationalisation et la gestion du budget. Si ces contraintes traduisent l'inconfort de l'attitude à adopter, l'acte d'interprétation et d'intercession au bénéfice des usagers l'engage autrement de celui de l'offre de service.

Le métier d'assistant socio-éducatif favorise la maîtrise des outils et des stratégies cliniques liés à l'accompagnement social, aussi le professionnel ne dépend ni des secteurs médical, soignant, médico-technique, ouvrier, pas plus que du secteur administratif. Il reste dépendant d'une organisation et d'un fonctionnement spécifique au secteur auquel il est rattaché. Le décret portant statut des professionnels confère au cadre socio-éducatif la responsabilité dans l'organisation et le fonctionnement du service social et éducatif de l'établissement. Quelle est son application huit ans après sa promulgation ? S'il apparaît en bout de chaîne que la considération éthique de l'individu malade est détériorée par les dysfonctionnements identifiés par notre enquête, elle le doit aux pressions liées aux conditions et aux charges de travail. L'effet indésirable à l'opposé de toute qualité due à la clientèle se tient là. La précarité des conditions de travail a pour effet d'amenuiser la disponibilité exigée par la déontologie de la profession pour traiter de la question sociale tant à l'intérieur qu'à l'extérieur de l'hôpital. Elle est néanmoins tolérée par le cadre socio-éducatif et par la direction.

Pour toutes ces raisons, nous affirmons que le crédit d'autorité, fondement de la responsabilité, tous deux gages d'organisation, de fonctionnement, de continuité et synonymes de cohérence, constituent la garantie de qualité de notre prestation. A terme, ils pèseront dans les résultats de l'accréditation en conférant au service social le rôle de contre-pouvoir au service du choix citoyen. A moins qu'à l'instar de l'œuvre privée du service social fondée à Paris le 30 mai 1921, la mutualisation des fonds publics et privés ne subventionne des cabinets publics ou privés implantés en dehors des structures. Même si au sein d'un établissement public de santé l'action sociale ainsi que l'application des règles de la cité sont reléguées au rang de prestations subsidiaires, les responsables du service social ne sauraient ni ne pourraient tolérer de souffrir plus longtemps d'indigence. Dans l'immédiat, notre défi consiste à résister dans l'hôpital contre l'exclusion ou l'enfermement des populations malades, et de leurs proches, disqualifiées pour élaborer leur projet personnel de vie. Cette résistance active participe à construire la capacité de les réinsérer dans la cité en faisant valoir ses règles, ses repères et ses réseaux, vecteurs d'insertion.

L'ouvrage se compose de trois chapitres : de la naissance de l'infirmière visiteuse à sa mutation vers le métier d'assistante sociale à l'hôpital, une galerie des portraits et un livret explicatif des pratiques professionnelles. Nous n'avons pas utilisé le vocable de vulnérabilité dès lors qu'il désigne une population ciblée juridiquement. Notre accompagnement et nos interventions couvrent tous les individus et leurs proches fragilisés par moult fonctionnements pour lesquels l'action sociale ne peut pas être remplacée uniquement par la loi, cautère imposé de l'extérieur. Refusant d'être l'exécutant des politiques d'action sociale « presse bouton » et à taille unique, les assistants socio-éducatifs et leurs cadres éthiquement déjà engagés, réitèrent leur respect aux référentiels déontologiques de leur métier. La population n'étant pas uniforme, leur raison d'être consiste à promouvoir et à développer le processus interactif d'accès au chemin de l'autonomie et de la liberté pour tout individu à la fois pris isolément ou en groupe, quels que soient ses repères, ses insuffisances ou l'absence de repères socioculturels.

CHAPITRE PREMIER
De la naissance de l'infirmière visiteuse à sa mutation vers le métier d'assistant socio-éducatif à l'hôpital

L'EMERGENCE DE LA MEDECINE SOCIALE EN AMERIQUE [7]

Les Essais de médecine sociale ou la fonction de la visiteuse à domicile ont été écrits et édités en France en 1919 par le major Richard C. Cabot, chef du service médical à l'hôpital n° 6 des armées américaines en France, chef de service à l'hôpital général du Massachusetts à Boston, professeur de médecine à l'université de Harvard.

Bien que promoteur de la fonction d'assistance sociale, Richard C. Cabot témoigne de son existence *« depuis longtemps dans les meilleurs hôpitaux anglais »*. Les bonnes œuvres de lady Almoners consistaient à rechercher la situation pécuniaire des malades hospitalisés afin de permettre leur admission dans un hôpital gratuit. Petit à petit, les « lady Almoners » s'étaient intéressées aux malades eux-mêmes en même temps qu'aux finances de l'hôpital. Cela les amena à concevoir l'œuvre sociale des hôpitaux un peu comme elle a été comprise en Amérique depuis 1905.

En 1880, en Angleterre, les soins donnés aux aliénés guéris ou convalescents à leur sortie des hôpitaux sont poursuivis. Employées dans cette œuvre, les visiteuses suivent les malades chez eux, les surveillent et font des rapports à l'institution intéressée. Leurs efforts ont surtout pour but de prévenir des retours d'aliénation en veillant à ce que le malade continue le régime conseillé par le médecin de l'hôpital et suivi par lui avant sa sortie.

L'Amérique s'est inspirée des travaux du docteur Albert Calmette, médecin-directeur de l'institut Pasteur de sérothérapie et de recherches microbiologiques à Lille de 1895 à 1918. Il utilisait la visiteuse d'hygiène comme la liaison entre

---

[7] Cabot Richard C. – *Essais de médecine sociale : La fonction de la visiteuse à domicile.* Editions Georges Cres et Cie, 1919.

le dispensaire et le domicile du malade. Il considère le dispensaire antituberculeux comme un foyer de combat contre la tuberculose. De plus, il recommande « les visites domiciliaires [8] ». Le rôle de la personne chargée de faire cette visite ne peut être exactement le même que celui de l'assistante sociale bien qu'il en ait tiré son origine. Calmette est dans la lutte contre la tuberculose l'innovateur de la méthode qui consiste à soigner la maladie simultanément au domicile et au dispensaire. Dans l'idée de Calmette, le rôle de la visite domiciliaire était un perfectionnement à ses études bactériologiques. La visiteuse d'hygiène tenait une place importante dans sa méthode antiseptique, laquelle consistait à détruire les bactéries au moyen de la désinfection et de la stérilisation des crachats, de la maison et du linge du malade.

Les infirmières à domicile publiques et particulières sont employées par les services de santé américains dans les cas de maladies contagieuses et dans le cas de n'importe quelle maladie chez les pauvres. Au début du XXe siècle, elles avaient reconnu qu'il était de plus en plus difficile de se limiter à une seule assistance physique. Elles ont dû considérer la situation économique, mentale et morale des malades, étendre leur activité au-delà du domaine propre de l'infirmière s'approchant ainsi insensiblement du domaine de l'assistante sociale. La faible distance qui les sépare devait être entièrement et rapidement abolie et les deux groupes, infirmières à domicile et assistantes médico-sociales, fondus en un. L'infirmière doit étudier les besoins économiques et mentaux des malades ; l'assistante sociale doit avoir des connaissances sur la médecine et les soins à donner aux malades.

La fonction principale de l'assistante sociale est de s'occuper attentivement de tous les besoins de l'individu qui pourraient autrement être négligés. Elle s'occupe davantage de prendre les mesures d'hygiène telles que d'améliorer les conditions de logement du malade, de lui procurer le plus de soleil et d'air frais possible, de lui donner une bonne nourriture et, par dessus tout, d'indiquer au malade la nature de sa maladie et ce qu'il doit faire pour la combattre.

---

[8] Cabot Richard C. – *Idem.*

Au regard de l'Etat, le tuberculeux est aussi dangereux, que ses revenus soient au dessus ou au dessous d'un certain chiffre, et le tuberculeux guéri est aussi précieux par ses forces vives qu'il appartienne ou non au groupe arbitrairement désigné sous le nom de « pauvres ». Dès 1895, les réformes introduites par Calmette et Grancher avaient modifié et amélioré le traitement donné dans les dispensaires américains, tenant compte qu'il était nécessaire de connaître la famille et les conditions d'existence du malade chez lui afin de bien le soigner quand il se présente au dispensaire et que ce fait s'appliquait à toutes sortes de maladies.

La profession d'assistante sociale s'est développée spécialement à la fin du XIXe siècle. Elles sont environ vingt mille auxquelles s'ajoutent trois cents diplômes annuels à New York, Boston, Chicago, Philadelphie, Baltimore. Leur occupation reçoit divers noms selon l'attribution spéciale qui incombe à la visiteuse. Il y a des assistantes sociales dans les hôpitaux, dans les usines, les écoles et les cours de justice. Dans les hôpitaux, les « *medical social workers* » ont un travail à la fois médical et social. Dans les usines, elles reçoivent le nom de « *welfare workers* » parce que là, il s'agit du bien-être des travailleurs. Dans les écoles, les « *home an school visitors* » visitent à la fois les écoles et le domicile. Enfin dans les cours de justice, les « *probation officers* » se voient confier les détenus par les juges, pendant une période dite d'épreuve ou de probation.

La visiteuse fait partie d'une organisation médicale. Elle constitue un des éléments de diagnostic et de traitement. Son unique utilité depuis le premier contact avec le malade est d'essayer d'améliorer l'état sanitaire de celui-ci. Il ne lui appartient pas de poursuivre indépendamment une enquête sociologique ou statistique. La visiteuse est l'auxiliaire du médecin quant au diagnostic et au traitement. Ses observations sur le foyer permettent d'éclaircir le fait de savoir si la maladie est moins grave ou plus traitable que les dépositions du malade au dispensaire. L'enquête est la tâche de la visiteuse d'abord parce qu'elle a le temps de la poursuivre et, ensuite, parce qu'étant une femme, elle a les qualités de tact et l'habitude nécessaire pour entrer dans l'intimité du malade.

Dans la plupart des familles où la visiteuse essaie d'entrer en relations amicales, il y a un pressant besoin de secours en argent, en nourriture, en vêtements, en charbon... *« L'emploi de l'argent contre le paupérisme est aussi dangereux que l'emploi de la morphine contre la maladie. L'argent comme la morphine satisfait un besoin immédiat et ne saurait être accueilli par celui qui souffre qu'avec enthousiasme. En donnant de l'argent, nous cachons le feu qui couve mais nous ne l'éteignons pas. Et dans la mission difficile, souvent décevante qui consiste à venir en aide à des individus, la visiteuse trouverait aussi en partie son inspiration dans les espérances formulées par le réformateur-législateur, dans sa vision d'un ordre économique idéal esquissé par la loi. »*

DE L'INFIRMIERE VISITEUSE A L'ASSISTANTE SOCIALE EN FRANCE

Une des personnalités sociales éminentes dans la première moitié du siècle fut celle de Mme Georges Getting qui consacra trente années de sa vie aux malades, aux orphelins, en un mot à tous les malheureux affligés. Elle a été avant tout la fondatrice de l'œuvre du service social à l'hôpital en France [9].

Instruite par des amis qui avaient visité les Etats-Unis d'Amérique des résultats obtenus par le service social au Massachusset's hospital à Boston et, inspirée par l'exposé de Mme le docteur Nageotte Wilbouchewitch, Mme Getting résolut de doter les hôpitaux de l'Assistance Publique à Paris d'un service analogue. *« L'idée première, conçue par le professeur Grancher, ne fut pas comprise comme elle méritait, à ses débuts en France ; il ne visait d'ailleurs à ce moment que l'orientation dans la lutte contre la tuberculose dont le commencement fut réalisé par Calmette, à Lille. Mais cette idée française, passée en Amérique y connut un développement extraordinaire, puisqu'il y a huit ans en 1925, l'Amérique fêtait le cinquantenaire du service social* [10]. » Avec l'accord de la

---

[9] *Hommage à Mme Georges Getting, fondatrice du service social à l'hôpital.* Editions La Revue de l'Assistance Publique, 1957.

[10] Dr Louste. – *Le service social à l'hôpital,* extrait de l'Hygiène sociale n° 98. Paris, Editions Le Moil et Pascaly, 1933.

direction générale de l'Assistance Publique en avril 1914, la première infirmière visiteuse, Mlle Oelker [11], prend ses fonctions dans le service du professeur Antonin Marfan à l'hôpital des Enfants-Malades à Paris. En 1917, à l'hôpital d'Ivry est créé à l'initiative de la croix rouge américaine un service social destiné aux malades tuberculeux et confié ensuite à Mme Getting [12].

Dès le début, le service social à l'hôpital fut une œuvre privée, laïque, autonome et indépendante, fondée le 30 mai 1921 sur des bases associatives et reconnue d'utilité publique. Mme Getting s'entoura de collaboratrices de toute confession. Elle revendiqua toujours pour le service une image de laïcité et de neutralité. Elle en définit ainsi ses missions : humaniser les hôpitaux, découvrir les causes sociales qui entretiennent ou aggravent la maladie, résoudre les difficultés morales et matérielles qui s'opposent au traitement, aiguiller les malades sur les services et établissements dont ils relèvent, faire agir simultanément toutes les œuvres qui peuvent venir en aide à la famille, prolonger au-delà de l'hôpital l'influence médicale afin d'éviter une récidive, remettre la famille en état de se suffire à elle-même, contribuer à la prévention des malades et à la conservation de la santé. Selon Mme Getting *« comme l'écrivait naguère l'un de nous, le service social n'est pas une œuvre charitable. C'est un instrument simple et pratique conçu pour améliorer le rendement économique et social du travail hospitalier et pour rendre aussi productives que possible les dépenses que s'imposent les collectivités en vue d'entretenir leurs hôpitaux* [13] ».

L'œuvre du service social à l'hôpital est reconnue d'utilité publique le 4 juillet 1932 et subventionnée en 1933 [14] par l'Assistance Publique, la ville, le département et l'Etat. Le service social n'a cessé de se développer et d'accroître le nombre de ses activités dans les services de médecine, de

---

[11] Guerrand Roger et Rupp Marie-Antoinette. – *Brève histoire du service social en France de 1896 à 1976*. Toulouse, Editions Privat, collection Regard, 1988.

[12] Guerrand Roger et Rupp Marie-Antoinette. – *Idem*.

[13] Dr Louste. – *Le service social à l'hôpital* (p. 12). *Idem*.

[14] AP-HP – *Histoire des hôpitaux. Depuis cent ans, la société, l'hôpital (et les pauvres)*. Paris, Editions Doin, 1966-1977 (p. 195).

chirurgie et aussi dans les bibliothèques [15]. De 1917 à 1921, des assistantes sont installées dans vingt-cinq services de l'Assistance Publique à Paris. En 1929, soixante-neuf services sont équipés et en 1939 leur nombre s'élève à cent quarante, en poste dans les services hospitaliers de l'Assistance Publique et en région parisienne. Les assistantes sociales sont intégrées dans l'administration de l'Assistance Publique le 1er novembre 1956 [16]. Rémunérées par l'Assistance Publique, elles sont recrutées et affectées par la direction centrale du service social. Du fait du recrutement interne d'infirmières pour suivre la formation d'assistante sociale à l'école de l'Assistance Publique créée en 1945, le service social a-t-il perdu progressivement de son autonomie et de son indépendance ? Aujourd'hui le même service social regroupe quelque six cents assistants socio-éducatifs intervenant auprès des malades.

De la capitale, un tel mouvement devait gagner la province. Il en fut ainsi et, en 1943, en pleine guerre, un décret rendit obligatoire le service social dans tous les hôpitaux des villes importantes par le nombre de leurs habitants. Cette même année 1943, Mme Getting qui, pendant trente ans n'avait cessé de prodiguer ses efforts pour soulager les déshérités de la vie, fut arrêtée par les nazis, emprisonnée à Drancy, tourmentée par les passions raciales des occupants et bientôt déportée à Auschwitz. Pour Georges Duhamel de l'Académie française, lors de l'allocution rendue en l'hommage à Mme Getting, *« une telle fin, pour injuste et révoltante qu'elle fût, couronne paradoxalement l'existence la plus généreuse qui se puisse imaginer »*.

A ses débuts, le service social a fait office de service familial à l'extérieur de l'hôpital en raison du manque de services sociaux sur le terrain. Répondant à la mission de santé publique, d'humanisation, de maintien des liens familiaux, les assistantes sociales auront souvent recours au placement des enfants en maison sanitaire, des tuberculeux en sanatorium, des mères célibataires en foyer et des personnes âgées à

---

[15] *Hommage à Mme Georges Getting. Idem.*
[16] Arrêté n° 56-1145 du 8 juin 1956 du Directeur Général de l'Assistance Publique de Paris.

l'hospice, partie visible de leur action. Après 1945, elles doivent informer chacun de ses nouveaux droits du fait de la généralisation du système de protection sociale et effectuer de nombreuses démarches auprès de différentes instances. Puis sensibilisées aux sciences humaines, prenant conscience du danger de la rupture du lien familial, elles développent d'autres stratégies d'intervention.

INCIDENCES DES POLITIQUES SOCIALES ET DE SANTE

La période de 1930 à 1960, traversée par cinq années de guerre, a vu s'amorcer de grands changements, tant au niveau des politiques sanitaires et sociales qu'au niveau des découvertes scientifiques et médicales. L'hôpital, par la loi du 21 décembre 1941, s'ouvre à toutes les catégories de population c'est-à-dire aux malades payants qui côtoient désormais les pauvres accueillis jusqu'alors. Son décret d'application du 17 avril 1943, ouvrant l'hôpital à l'ensemble des citoyens, fait de l'activité de soins sa mission prioritaire. Cette loi pose les bases de l'institution moderne qui rompt avec l'hospice. L'année 1958 marque une étape essentielle avec trois ordonnances et un décret en date des 11 et 30 décembre, appelée communément la « réforme Debré » , du nom du professeur Robert Debré, fondateur de la pédiatrie française moderne. Cette réforme met en place le centre hospitalier universitaire à la fois structure de soins, d'enseignement et de recherche médicale. Le plein temps hospitalier pour les médecins devient réalité. Il s'agit d'une étape essentielle dans l'édification et la valorisation du service public hospitalier. L'hôpital public commence à devenir un lieu de technicité et de recherche médicale.

Des avancées sociales déterminantes vont poindre en 1945 et progresser dans les décennies qui suivent : instauration et généralisation de la Sécurité sociale par les ordonnances de 1945, rénovation et développement d'infrastructures sanitaires et sociales notamment pour les personnes handicapées et âgées, augmentation des personnels de santé et des travailleurs sociaux. Parallèlement, la législation sur la protection de l'enfance est renforcée : charte de la Protection Maternelle et Infantile en 1945, ordonnances de 1958 et de 1959 sur la protection de l'enfance et de l'adolescence en danger. Cette période reste toujours marquée par la lutte contre les fléaux sociaux : tuberculose, syphilis, poliomyélite, mortalité infantile et périnatale. L'apparition des antibiotiques, l'intensification des vaccinations et des examens radiologiques concourent à éradiquer la maladie.

La loi du 31 décembre 1970 définit la mission du service public hospitalier comme exclusivement sanitaire ; la référence aux indigents disparaît du texte. Désormais, pauvres et riches sont reçus et soignés dans le même lieu. Les « Trente Glorieuses » ont été pour l'hôpital une brève période d'euphorie financière, c'est la grande époque de « l'hôpital-entreprise ». L'efficacité et la rentabilité sont dès lors les mots d'ordre de pouvoirs publics qui veulent lui donner une dynamique d'entreprise. Avec l'extension de la protection sociale à un nombre croissant d'assurés, l'activité des hôpitaux ne cesse d'augmenter, entraînant une hausse constante des budgets. La Sécurité sociale finance un système hospitalier en plein développement et cette manne toujours alimentée par de nouvelles contributions semble quasi inépuisable.

La crise qui frappe les sociétés occidentales au début des années soixante-dix déstabilise non seulement un système de protection sociale déjà menacé par le vieillissement de la population mais aussi met en lumière les dysfonctionnements d'un hôpital que l'euphorie économique avait masqués. Les années 1980 voient la crise économique affecter tous les espaces de la société et s'accroître la pauvreté. Tous les acteurs y compris l'hôpital sont contraints de réduire leur train de vie. La gestion trouve sa place à l'hôpital qui apprend à maîtriser les coûts et à équilibrer ses recettes. La lutte contre les créances irrécouvrables en aval, peut être faudrait-il dire irrecouvrées en amont, chasse les malades n'ayant pas de couverture sociale et n'ayant pas la capacité de payer la facture. Ce sont ceux-là même pour qui l'hôpital avait été créé qui s'en voient maintenant écartés par la modernité, la technologie et la gestion sans que leur situation soit vraiment étudiée. L'hôpital ne connaît pas ou ne veut pas reconnaître la notion de droits potentiels. L'acception du concept dynamique de créances irrecouvrées due à la pugnacité et à l'utilisation de la stratégie d'alliance d'une équipe d'assistantes sociales précurseurs a permis la mise en place d'expériences évaluées sur certains sites hospitaliers pilotes dont Bichat [17]. Formalisée ensuite par le Ministère, l'organisation des Permanences d'Accès aux Soins de Santé a pris corps dans la loi contre les exclusions.

A cette même époque, avec l'apparition du Sida [18], les associations de malades se mobilisent pour dénoncer l'insuffisante prise en compte de la personne humaine au profit des investigations médicales invasives, et ce, quelquefois sans information explicite et consentement. Vingt ans seront nécessaires pour que le droit à l'information devienne réalité. Par rejet de l'origine de la maladie et de son mode de transmission et par crainte de la contamination mais aussi des impayés, l'hôpital pratique des actions discriminantes en sélectionnant les malades admis ou refusés. En 1987, le rapport Revol-Strohl [19] indique qu'un certain nombre d'hôpitaux ne remplit plus la mission de service public, en excluant des soins certaines catégories de population. Dès 1988, des circulaires se succèdent pour compléter la loi, l'hôpital doit garantir l'égal accès de tous aux soins.

Ces textes désignent l'hôpital comme un lieu privilégié de recouvrement des droits. Le service social hospitalier est le pivot de ces dispositifs. L'assistante sociale assure la mission d'accueil, d'écoute, d'orientation et d'aide à la réinsertion qui a toujours été la sienne. Des personnes continuent à être exclues de la couverture sociale et affluent aux portes de l'hôpital et ce malgré la loi du 1er décembre 1988 instituant le revenu minimum d'insertion. « *Toute personne qui, en raison de son âge, de son état physique ou mental, de la situation de l'économie et de l'emploi, se trouve dans l'incapacité de travailler, a le droit d'obtenir de la collectivité des moyens convenables d'existence. L'insertion sociale et professionnelle*

---

[17] Rapport interne sur les créances dites irrecouvrables. Service social de l'hôpital Bichat – Marie-Noëlle Le Floch. Laurence Margout, 1993.
[18] Syndrome d'Immuno-Déficience Acquise.
[19] « Soins des personnes en situation de précarité », 1987, http://www.solagral.org/sa/sa_publications/faim_cachee_pdf

des personnes en difficulté constitue un impératif national [20]. » Après la réforme législative de 1992 modernisant et simplifiant l'aide médicale, un autre texte de 1992 ouvre à tous les hôpitaux publics la possibilité de passer convention avec l'Etat pour l'accueil et la prise en charge des personnes sans domicile fixe, en grande errance, qui perdent fréquemment toute trace de leur identité et de leurs droits. Le service social fait partie des premiers interlocuteurs d'une population marginalisée.

La loi de prévention et de lutte contre les exclusions du 29 juillet 1998 [21] stipule « *la lutte contre les exclusions est un impératif national fondé sur le respect de l'égale dignité de tous les êtres humains et une priorité de l'ensemble des politiques publiques de la Nation* ». Elle affirme l'accès aux droits fondamentaux et favorise dans la réalité l'accès à l'emploi, en agissant plus résolument pour le droit au logement, l'accès aux soins pour tous, l'accès à l'éducation et à la culture. L'accès à la prévention et aux soins des personnes les plus démunies constitue un objectif prioritaire de la politique de santé. Les temps forts visent à adapter dans chaque région l'offre de prévention et de soins aux besoins des personnes démunies ; affirmer le rôle social de l'hôpital par la création des Permanences d'accès aux soins de santé ; développer les centres de cure ambulatoire en alcoologie ; lutter contre le saturnisme infantile ; vers la création d'une Couverture maladie universelle. L'hôpital ne saurait se cantonner à sa fonction de pôle d'excellence. Le droit à la protection de la santé passe aussi par l'accompagnement, le soutien des personnes défavorisées afin qu'elles puissent accéder dans des conditions adaptées, aux filières de prévention et de soins ordinaires. C'est dans ce but que la mission sociale de l'hôpital est renforcée.

Faisant suite à la loi de prévention et de lutte contre les exclusions, la loi du 27 juillet 1999 crée un nouveau dispositif,

---

[20] Loi n° 88-1088 du 1er décembre 1988 relative au revenu minimum d'insertion. *J.O.* du 3 décembre 1988.

[21] Ministère de l'Emploi et de la Solidarité : Le programme et la loi de prévention et de lutte contre les exclusions. Paris, Editions des Journaux officiels, 1998.

la Couverture maladie universelle [22], dont l'objet est de garantir à tout résident en France métropolitaine ou dans un département d'outre-mer, une prise en charge des soins par un régime d'assurance maladie. Cette loi prévoit également que les personnes ayant des ressources inférieures à un seuil doivent pouvoir bénéficier d'une protection complémentaire gratuite et de la dispense d'avance des frais. Elle a pour conséquence de mettre fin à l'aide médicale départementale, ainsi qu'au régime d'assurance personnelle. Elle modifie également les modalités de fonctionnement de l'aide médicale Etat.

A côté des avancées des politiques sociales et de santé restituant à l'hôpital sa mission sociale, l'Agence nationale d'accréditation des établissements de santé propose des référentiels de qualité auxquels ceux-ci doivent se conformer sous peine de voir réduire leurs recettes. Pour permettre *« d'assurer l'amélioration continue de la qualité et de la sécurité des soins, les établissements de santé publics et privés doivent faire l'objet d'une procédure externe "d'accréditation", et ce, dans un délai de cinq ans à compter de la publication de l'ordonnance* [23] *»*. Le manuel d'auto-évaluation identifie dix domaines à apprécier en vue de les faire évoluer vers une qualité consensuelle qui sera évaluée tous les quatre ans. Il s'agit des droits et informations du patient, du dossier du patient, de l'organisation de la prise en charge du patient, du management de l'établissement et des secteurs d'activité, des gestions des ressources humaines, des fonctions logistiques, du système d'information, de la gestion de la qualité et prévention des risques, des vigilances sanitaires et sécurité transfusionnelle et, enfin, de la surveillance et prévention du risque infectieux. Le huis clos hospitalier cède à la visibilité en réponse au devoir de qualité du service d'utilité publique et de la garantie des droits du malade.

L'hôpital est bien ce lieu à double facette, les deux faces de Janus, à la fois attraction et répulsion. Il traduit toutes

---

[22] Loi n° 99-641 du 27 juillet 1999 portant création d'une couverture maladie universelle. *J.O.* n° 172 du 28 juillet 1999 (p. 11229).
[23] Ordonnance du 24 avril 1996 portant réforme à l'hospitalisation publique et privée.

les ambiguïtés d'un espace d'abord destiné aux indigents et aux vieillards, indépendamment de toute maladie, puis aux maladies hypertechniques, avant d'être rattrapé par son passé avec l'arrivée de personnes précaires pour qui l'hôpital est bien souvent l'ultime recours.

DU CONCEPT MEDICO-SOCIAL AU CONCEPT SOCIO-EDUCATIF

L'identification de l'assistante sociale à l'hôpital a connu des fluctuations au cours du XXe siècle. De 1922, date du diplôme d'Etat d'infirmière visiteuse, au décret du 12 janvier 1932 instituant le brevet de capacité professionnelle permettant d'exercer la profession d'assistante sociale, le parcours de la formation a été modifié. En 1938, un décret fusionne les formations d'infirmière visiteuse et d'assistante sociale. « *La première année sera médicale, la deuxième médico-sociale et, la troisième année sociale* [24]. » La trajectoire définie dans les études reflète l'évolution du service social. Du médical – infirmière visiteuse – un glissement progressif s'amorce vers le social et sur le terrain les assistantes sociales apprendront à partager le même territoire que les médecins et les infirmières.

L'évolution de la profession d'assistante sociale, de sa formation et, en parallèle, la transformation de la structure hospitalière et des politiques sociales ont généré une nécessaire adaptation. Le parcours de la profession est jalonné par des décrets et des circulaires touchant au statut, au fonctionnement, aux conditions d'activité, à la rémunération. L'arrêté du 1er août 1968 modifie le diplôme d'Etat des assistants de service social et supprime la première année de formation commune avec les infirmières. 1968 est une étape importante puisqu'elle dissocie totalement les deux métiers. En plein essor, le service social porté par les politiques sociales tend à se démarquer du médical mais reste soumis à son pouvoir. Du médico-social émerge le socio-éducatif.

---

[24] Kniebiehler Yvonne. – *Nous les assistantes sociales. Naissance d'une profession*. Mayenne, Editions Aubier, Collections historiques, 1980.

Bien que le décret [25] de 1993 institue l'indépendance du service social hospitalier à l'égard du service médical, la partie des interventions sociales d'orientation d'aval de l'hospitalisation reste malgré tout dans le champ médical. Cette partie visible de l'action du service social occulte celle qui est située hors champ médical. Le maintien d'une sujétion du médical sur le socio-éducatif apparaît maintenant totalement injustifié. De la même manière que le médecin a recours aux médicaments, l'assistant socio-éducatif s'outille des politiques sociales pour traiter la question sociale. *Le Guide familial* est devenu l'équivalent du *Vidal*. La complexité liée à la position réelle de marginal sécant dans la structure hospitalière n'est pas ou peu identifiée par les directions et encore moins soutenue. Les intérêts et les enjeux favorisent encore une fois la soumission de la structure à sa propre règle par l'effet de milieu obérant ainsi une volonté politique exprimée dans les textes qui n'indiquent pas toutefois des référentiels visibles.

La vie sociale est située hors des murs de l'hôpital. Pour le service social hospitalier le travail en réseau a toujours été un outil indispensable dans son action interface depuis que les infirmières visiteuses assuraient les liaisons médico-sociales. La pratique du réseau, bien avant de devenir une mode puis une pratique instituée, tendrait actuellement à prendre le risque de dénaturer son processus organisationnel soumis à divers changements et incertitudes. Avec l'accroissement des effectifs dans les mairies, les écoles, les usines, le service social hospitalier recentre son activité à l'intérieur en devenant un service spécialisé. Son action prend en compte les connaissances de la maladie, les aspects psychologiques, administratifs, en vue de la réinsertion des malades dans la vie sociale. Pour les soignants, le service social intervient pour orienter vers d'autres lieux les malades ne relevant plus de leurs soins.

L'hôpital apprend à soigner en ambulatoire, en hébergeant de moins en moins et parfois pas du tout. Progressivement les alternatives à l'hospitalisation sont considérées comme une priorité. Néanmoins la précarité, le Sida, la toxicomanie, la réapparition de la tuberculose font prendre conscience que les

---

[25] Décret n° 93-652 du 26 mars 1993.

réponses à apporter ne sont plus seulement médicales mais politiques, économiques et sociales. La plus grande fréquence de ces maladies à forte composante médico-sociale réintroduit la question sociale à l'hôpital, avec davantage d'acuité. Le phénomène de massification de la précarité a amplifié ce mouvement. Il ne peut y avoir de personnes en bonne santé sans un minimum d'insertion économique et sociale.

L'évolution sociétale, politique, économique et de santé, a eu des interactions dans les typologies de fonctions et de missions depuis la première infirmière visiteuse aux assistants socio-éducatifs actuels.

Au niveau de ses fonctions, l'infirmière visiteuse, émergence de la médecine sociale téléguidée dans ses activités, répondait aux règles professionnelles qui lui avaient été prescrites par les médecins dont elle dépendait. Née du terreau médical, elle était l'auxiliaire qui à la fois faisait gagner du temps, entrait dans le diagnostic et le traitement et conférait bonne conscience par la prise en charge médicale des facteurs sociaux associés aux pathologies contagieuses pour la plupart. Jusqu'ici l'environnement et l'hygiène avaient été négligés par la médecine. Avec ce nouvel auxiliaire, la médecine prouvait sa contribution active, à un moment charnière de l'Histoire occidentale, au rendement productif de la main-d'œuvre humaine. De l'activité médicale, les fonctions de l'infirmière visiteuse se sont transformées pour devenir un véritable métier, celui des assistantes sociales, reconnu par une formation médico-sociale et un statut « inachevé ».

Les nouvelles fonctions de l'assistant socio-éducatif diffèrent de celles de l'infirmière visiteuse en raison de l'évolution de la société, des politiques sociales et de santé et des métiers hospitaliers. Actuellement, l'hôpital compte plus de cent métiers. Devant cette multiplicité et cette disparité d'intervenants, les partenaires médicaux discernent difficilement la fonction de l'assistant socio-éducatif. Pour leur permettre de diagnostiquer les situations sociales justifiant de lui faire appel, quatre clignotants sociaux ont été isolés et proposés comme indicateurs [26]. Il s'agit de savoir si la

---

[26] « Projet de pôle social du réseau de soins Quiétude » (2000-2001), Caubet Elyane, rapporteur.

personne malade a ou non quelqu'un à sa charge, si elle est ou non isolée socialement, si elle a exprimé des difficultés matérielles et/ou administratives. Si une seule réponse est positive, il est vivement conseillé aux équipes médicales et soignantes de faire appel à l'assistant socio-éducatif. Ces indicateurs d'appel font partie de l'investigation médicale et requièrent une réponse.

Du terreau médical, ses racines se sont ancrées progressivement dans un autre terreau, celui des politiques sociales, des principes des droits humains et de justice sociale. Les fonctions médico-sociales de l'assistante sociale traduisaient la synergie des prescriptions médicales à la réparation du risque maladie et accidents de travail. Si le médecin était en désaccord avec la demande de réparation, il s'abstenait d'en signer la demande. L'assistante sociale n'avait que la capacité de conviction et de séduction pour seules armes. Elle ne détenait pas la capacité de décision. Reconnues et officialisées depuis le décret de 1993, les fonctions de l'assistant socio-éducatif sont transversales. Dès l'amont des portes de l'hôpital, elles sont liées au projet de soins se prolongeant vers l'aval de la consultation ou de l'hospitalisation. Elles sont médico-sociales pour tenir compte de l'adéquation du projet de soins au projet de vie. Enfin, elles sont sociales pour stimuler et faciliter le projet de vie par l'accueil, l'écoute, l'information, l'orientation et la culture du lien entre l'individu et son environnement.

Activité dépendante du médical pour la partie uniquement liée à son champ, l'intervention sociale est désormais confiée à l'entière discrétion du tenant de la discipline. Même si le médecin n'est pas d'accord pour la mise en place d'une aide à domicile ou pour monter un dossier d'aide sociale, sa position n'interfère pas dans la faisabilité. Moins soumise au pouvoir médical, la population est en mesure de choisir et de faire valoir ses droits. L'assistant socio-éducatif est tenu de lui en donner les moyens. *A contrario,* lorsque l'individu refuse de faire valoir ses droits, comme la demande de Couverture maladie universelle ou d'entrer dans un dispositif quelconque, dès lors que l'assistant socio-éducatif respecte son rythme et son choix, il risque de devenir le bouc émissaire à la fois des médecins et des administratifs qui ne partagent pas cette attitude non directive. Cette attitude non directive peut être interprétée comme un manque d'énergie, de volonté, une insuffisance de pouvoir. Le pouvoir ordonne, contraint, il ne tergiverse pas, il ne transige pas. Certaines équipes hospitalières demandent de démontrer une unité d'attitude, ne supportant pas de partager des éthiques différentes.

N'étant plus dépendant du médical et de son pouvoir, l'assistant socio-éducatif à l'hôpital vient d'acquérir son indépendance du médical. L'indépendance stipulée par les textes a-t-elle été saisie par les cadres et les assistants socio-éducatifs, et de quelle manière ? Son interdépendance à l'administration hospitalière n'en tient qu'insuffisamment compte comme le démontre la position actuelle des cadres socio-éducatifs.

Quant à ses missions, initialement définies par le médical, elles ont évolué vers l'insertion sociale. L'insertion sociale répond à une dynamique voire à une ordonnance de la société qui, à la fois, prescrit des agents d'insertion et en dispense. Le droit commun s'outille depuis deux décennies de dispositifs de tout genre. Le quadrillage et le maillage sont tels que tout individu en situation sociale chaotique peut y entrer ou y échapper. Mais pris dans le filet, pourra-t-il s'en échapper ? La limite est fragile entre l'insertion et l'enfermement. Là encore l'assistant socio-éducatif risque de devenir le bouc émissaire à la fois de ses bénéficiaires potentiels et de ses employeurs. Quelles sont les alternatives ou les limites à l'accueil, à l'écoute, à l'information, à l'orientation, au maintien du lien avec quelqu'un qui refuse tout ce qui lui est proposé ? Comment légitimer cette activité professionnelle aux résultats aussi aléatoires ? Ces questions liées au croisement entre le libre choix et l'application des politiques sociales perdurent et sont incontournables pour l'assistant socio-éducatif, elles garantissent son éthique.

La mission de l'assistante sociale à l'hôpital qui est « d'aider les personnes, les familles, les groupes qui connaissent des difficultés sociales à retrouver leur autonomie et faciliter leur insertion » peut s'exercer pleinement dans tous les secteurs hospitaliers. La récente définition internationale [27]

---

[27] *Historic Agreement on International Definition of Social Work, Press-release,* 29 juin 2001.

proposée par les associations des écoles de service social de Southampton et des travailleurs sociaux de Berne précise : « *La profession d'assistante sociale tend à promouvoir un changement social, à résoudre les problèmes de relations humaines, habiliter et libérer les individus, afin d'améliorer leur bien-être personnel. En se basant sur les théories du comportement humain et des systèmes sociaux, l'assistante sociale intervient là où les individus réagissent à leur environnement. Les principes de droits humains et de justice sociale sont fondamentaux au service social.* » Cette nouvelle définition traduit la recherche d'adéquation à la légitimité professionnelle. Ouvrant le champ des possibles, elle privilégie le processus socio-éducatif à l'aide en y joignant une dynamique de changement, de médiation, de liberté de choix des individus. Au nom des droits humains, elle conteste l'enfermement, le mal-vivre et l'injustice sociale.

Le service socio-éducatif se transforme avec l'évolution de la société. L'idéal serait qu'il sécrète lui-même ses propres règles professionnelles en tenant compte de son éthique et de sa déontologie spécifiques. La récente définition internationale insiste sur la notion socio-éducative de l'assistant de service social avec ce que cela implique. Elle y ajoute les principes fondamentaux des droits humains et de justice sociale. Par conséquent, elle tient compte du caractère unique de l'individu et de sa liberté d'expression et de choix. Cette reconnaissance légitime l'intervention sociale en tant que mise à disposition de moyens et non pas à visée de résultats. Les fonctions et les missions des trois générations d'infirmière visiteuse, d'assistante sociale et d'assistant socio-éducatif évoluent avec les conditions de vie occidentale et dans les démocraties. Ce n'est qu'à partir de 1948 en France que le statut de capable majeur a été reconnu aux femmes.

L'organisation de la prestation socio-éducative se met peu à peu en place tout en restant liée à l'importance de la question sociale dans la société. De l'industrialisation est né de manière concomitante en Europe et en Amérique, le service social, support à la fois pour faire face à l'individualisme et contribuer à relier l'individu et ses proches à la société et réciproquement. La révolution technologique de pointe participe à frustrer la socialisation en désavantageant son caractère direct et spontané. La culture du lien social reste continuellement à surveiller, à activer et à aviver. Mme Getting écrivait : « *L'assistante sociale est le témoin le plus averti, le plus direct, le plus clairvoyant qui soit du fonctionnement de l'énorme appareil législatif, administratif et bureaucratique qui régit l'assistance dans notre pays. (...) Elle exerce un contrôle permanent sur l'efficacité de certaines dispositions législatives, de certains règlements administratifs. Le jour où parlementaires et fonctionnaires condescendront à la consulter discrètement avant de légiférer et de décréter en matière d'assistance, les choses n'en iront que mieux* [28]. »

Passant de l'indigence à la précarité, la société française évolue sur l'appropriation de nouveaux droits compensateurs, parfois difficiles à décrypter et à concrétiser. Un siècle aura été nécessaire au service social pour justifier de l'indispensable adéquation socio-éducative du sujet dans son environnement sans cesse en mutation au risque d'être malade ou de mourir et pour passer du terreau médical à celui de l'action socio-éducative.

POSITION ACTUELLE DES CADRES SOCIO-EDUCATIFS A L'AP-HP

Si la responsabilité des cadres est globalement traitée, celle du service social à l'hôpital n'a jamais été un objet d'études. Nous nous y sommes intéressées progressivement à partir d'un jeu collectif d'écriture sur les difficultés rencontrées au quotidien par le responsable du service social et en nous appuyant sur le décret n° 93-652 du 26 mars 1993 régissant la profession du cadre socio-éducatif. S'il légalise le statut particulier des cadres et des assistants socio-éducatifs de la Fonction publique hospitalière, il n'a pas été suivi d'un arrêté définissant les modes d'organisation. Cet espace laissé vide met le crédit d'autorité en question, d'autant que la responsabilité consiste théoriquement à garantir la qualité et la continuité de la prestation de service social auprès des malades à l'hôpital public

---

[28] Dr Louste. – *Le service social à l'hôpital* (p. 15). Ibidem.

et d'en répondre. S'agissant d'une responsabilité technique interdépendante de la sociologie de l'organisation hospitalière, cette responsabilité garantit-elle l'autonomie de la pratique de l'intervention sociale au bénéfice des malades et de leur famille ? Si l'organisation et le fonctionnement du service socio-éducatif répondent à un support législatif, ils obéissent aussi aux organigrammes et aux moyens spécifiques octroyés par chaque établissement hospitalier au sein même de l'AP-HP. Le responsable du service social est le plus souvent placé sous la hiérarchie d'un intermédiaire délégué par le chef d'établissement. Cette position limite-t-elle ou garantit-elle la responsabilité du cadre socio-éducatif ?

Cette problématique révèle l'absence de structuration commune du service socio-éducatif à l'AP-HP qui se manifeste par une hétérogénéité dans le positionnement du service social au sein des organigrammes. Les quarante et un établissements mènent une politique différente envers leur service social intervenant auprès des malades en fonction du management qu'ils lui imposent. Le *statu quo* ajouté au manque de formation à l'encadrement ne permet pas au responsable de parvenir à se positionner en qualité de manager reconnu. La maîtrise des outils de management permettrait-elle de s'intégrer dans le projet d'établissement sans perdre la souplesse nécessaire à l'innovation par l'action sociale dans la cité ?

Actuellement les responsables s'impliquent et/ou impliquent leurs équipes en fonction de leurs motivations personnelles sans pour autant refléter fidèlement les orientations prioritaires de leurs établissements. La perspective du service social hospitalier s'ouvre inexorablement sur l'insertion de l'individu malade et des siens dans la société. Affirmer la nécessité de synergie sociale à l'hôpital public témoigne de la considération éthique de l'individu malade pris à la fois dans son projet de soins et dans son projet de vie. Pour ne pas rester un vœu pieux, cette position politique mérite de s'organiser en déléguant la responsabilité aux tenants de la discipline d'une manière identifiée et homogène. Si la responsabilité est virtuelle du fait du manque de cohérence de l'organisation, il est temps qu'elle devienne un impératif pour le cadre socio-éducatif hospitalier.

Pour réaliser notre enquête, cinquante-deux questionnaires ont été envoyés aux responsables du service social hospitalier au sein même de l'AP-HP, en mai 2000, sur le critère d'être chargé d'équipe. Nous avons préféré conduire l'enquête, la première en son genre, à l'intérieur de notre établissement public de santé, qui relève de la réglementation de la Fonction publique hospitalière. Il s'agissait notamment de valider le questionnaire sur une même structure, en écartant les hôpitaux privés ou spécialisés. Servant de repères, les résultats de l'enquête pourront ensuite être comparés avec d'autres structures, hospitalières ou non, en France et en Europe. Quel crédit d'autorité est accordé au cadre socio-éducatif, quelles sont les conditions de travail proposées pour opposer sa plus-value à la précarité sociale de plus en plus visible ?

Vingt-deux questionnaires ont été retournés sur la base du volontariat et de l'anonymat, ce qui représente 42,30 %. Le délai de réponse d'un mois leur a été donné. La vacance de postes sur certains hôpitaux explique en partie certaines absences de réponses. De même que nous n'avions pas de recommandation particulière pour introduire notre enquête à part notre problématique. Il ne s'agit pas d'une représentation statistique pas plus que d'une commande institutionnelle. Les réponses obtenues dans leur globalité ne nous ont pas étonnées, elles reflètent dans l'ensemble l'hétérogénéité des conditions de travail jusqu'ici évoquées sans être pour autant mesurées. Pour certaines, elles ont représenté les priorités du moment occultant l'expérience antérieure, quelques *items* n'étaient pas suffisamment affinés au niveau de la précision du temps. Pour le traitement des réponses, l'absence de logistique spécifique a légèrement gêné l'exploitation et le traitement. Nous avons procédé à une double exploitation quantitative et qualitative. L'exploitation qualitative a permis à la fois de dégager les quatre stratégies de management utilisées et a révélé, outre la somme de contraintes de management, les marges de manœuvre possibles ainsi que leurs limites.

Les hôpitaux AP-HP représentés constituent 46,34 %. Les réponses ont permis de dégager la fiche d'identité du responsable du service social à l'AP-HP. Le nombre de cadres socio-éducatifs varie de un à neuf par hôpital, selon sa dimension. Il traduit l'adéquation des effectifs du service social à la dimension des établissements hospitaliers, sans toutefois répondre à des critères établis. quatre cadres socio-éducatifs sur dix sont responsables déchargés de service clinique. Par contre, six sur dix exercent la double activité clinique et d'encadrement. Ces chiffres montrent l'ambiguïté de la position et de la considération à l'encontre du responsable du service social hospitalier. Une autre variable intervient : l'année de nomination. Trois cadres socio-éducatifs sur dix ont été nommés entre 1968 et 1987 alors que six sur dix l'ont été entre 1990 et 2000. Une exception toutefois, un responsable sur dix n'est pas cadre socio-éducatif bien qu'il en assure la fonction. Comme il n'existe pas d'intérimaire dans la profession pas plus que dans la Fonction publique hospitalière pour les personnels titulaires et que la situation perdure depuis plusieurs années, s'agirait-il d'une entorse tolérée aux statuts définissant la profession ? De fait, le protocole généralisant les fiches de postes peut être transgressé, dérogeant par là-même aux règles énoncées par le statut.

Si une formation au métier de cadre a été suivie par neuf responsables sur dix, elle est non seulement hétérogène mais plus encore exclusivement basée sur le volontariat. Trois sur dix sont diplômés du deuxième et du troisième cycle universitaire, un sur dix sort de l'Institut d'enseignement supérieur des cadres hospitaliers de l'AP-HP, tandis que cinq sur dix ont suivi différentes formations de management non diplômantes. Dès lors que un cadre socio-éducatif sur dix n'a pas suivi de formation, l'interrogation porte sur le manque d'exigence de l'employeur, voire des usagers, par répercussion. En effet, la formation à l'encadrement donne la capacité de faire émerger les problématiques rencontrées par les usagers au sein de l'hôpital et d'élaborer des projets dans le cadre de l'action sociale. Le statut ne stipulant pas d'obligation de formation, l'institution oblige ou entérine le fait qu'un assistant socio-éducatif occupe à la fois la fonction clinique et la fonction d'encadrement sans y être préparé. De même qu'elle impose pour certain(e)s qu'un cadre socio-éducatif continue à avoir une pratique clinique. Existe-t-il une équivalence chez les autres responsables de service :

administratif, médical, soignant ? Face aux demandes de formation des responsables du service social, l'hôpital leur oppose trop souvent un refus à la fois financier et de dispense de temps. Les formations pour les professionnels de l'action sociale sont externes à l'institution et représentent un coût financier. Même si les formations sont onéreuses, le droit à la formation existe et il requiert d'être appliqué sans exclusion. Au sein de l'AP-HP, une politique de formation est menée pour les agents et les cadres plus spécifiquement soignants et les métiers du social sortant de cette logique ne se retrouvent pas dans les formations notamment supérieures, traitant de la responsabilité.

En ce qui concerne les personnels, le responsable du service social gère en moyenne treize agents : neuf assistants socio-éducatifs(ves) et demi et trois secrétaires et demi. Les charges d'encadrement varient de trois et demi à trente-neuf agents pour un même responsable, sans qu'il perçoive de prime d'encadrement. Un seul hôpital s'est doté d'un coordonnateur local pour six cadres socio-éducatifs gérant quarante-deux agents. Les effectifs fluctuent selon la dimension de l'hôpital : le nombre d'assistants socio-éducatifs varie de deux à quarante-huit, celui des secrétaires d'une à vingt-six. Le temps moyen du secrétariat par semaine pour le responsable est d'un mi-temps.

La hiérarchie est hétérogène : si trois responsables sur dix dépendent du directeur de l'établissement, six sur dix sont rattachés à un directeur adjoint. Cependant, un responsable sur dix n'est rattaché ni au directeur ni à un de ses adjoints mais à un cadre administratif qui occupe la fonction soit de secrétaire de direction soit de responsable des recettes. Ce constat pose la question de la validité de la délégation et de ses conséquences dans la mesure où le cadre socio-éducatif, de catégorie A, se trouve subordonné à un cadre de même catégorie qui ne dispose ni de l'autorité, ni des moyens d'un directeur. Si le directeur délègue dans les deux tiers des cas la gestion du service social à un directeur adjoint tantôt aux ressources humaines ou aux finances, tantôt à celui chargé de la clientèle ou chargé des droits du malade, c'est qu'il le place en interdépendance et le subordonne. La stratégie qui consiste à insérer un intermédiaire dilue l'accès à la responsabilité directe. Le directeur n'a donc pas à la fois la visibilité organisationnelle et fonctionnelle du service social et l'intégralité de l'information en temps réel. N'ayant pas accès l'un à l'autre, les argumentaires, traduits et traités par un tiers, peuvent autant ajouter une sécurité que limiter le champ d'action du responsable du service social y compris sur le plan technique.

L'évaluation et la notation relèvent aussi de pratiques hétérogènes : sept cadres socio-éducatifs sur dix sont évalués et notés par le directeur ou un de ses adjoints ; un sur dix par le médecin responsable du service médical pour l'évaluation, ce qui constitue une entorse supplémentaire au décret de 1993, la notation restant réservée à la direction. Seul un sur dix est évalué et noté par le responsable chargé de la coordination du service social de l'établissement.

La fidélisation hiérarchique suppose le rattachement à une même direction sur une stabilité de temps. L'enquête révèle que la moitié des responsables sont changés fréquemment de rattachement hiérarchique en fonction des réorganisations de la direction. Traduisent-elles les incertitudes des directions qui ne savent pas forcément où situer le service social et qui ne craignent pas de le changer de rattachement lorsqu'elles se réorganisent ou bien l'absence de réflexion, volontaire ou non, autour de l'organisation du service social hospitalier ? Contingente de la volonté d'un directeur, l'organisation du service social peut tout autant être protégée que menacée.

LIMITES DE L'ORGANISATION

Les limites de l'organisation constituées par la précarité des conditions de travail, la double fonction clinique et d'encadrement et l'accès à l'encadrement sans formation, témoignent que l'identification professionnelle est toujours en friche. Plantant ses racines dans les terreaux d'abord médical puis de l'Action sociale, le service socio-éducatif hospitalier se donne dorénavant pour objectif de faire valoir son autorité. De son identification par la volonté politique de renforcer et d'asseoir son statut, sa rétribution financière et l'organisation rationnelle des conditions de travail, naîtra son autorité auprès de ses partenaires et de son employeur. Par effet mimétique avec son principal outil le réseau, le service socio-éducatif agit constamment dans un processus organisationnel. Cette image traduit en positif sa nécessaire adaptation à la société et son dynamisme sur le plan fonctionnel. A l'inverse, si elle s'applique à son organisation, elle constitue un obstacle de taille dès lors qu'une charnière dont le caractère reste ou est perçu comme provisoire n'est destinée qu'à être remplacée. Cette acception contrarie ainsi son entité en tant que service spécialisé implanté dans un hôpital de manière ni plus ni moins définitive ou provisoire que les autres.

Son identification et ses conditions de travail ont pourtant déjà été circonscrites par les textes. La circulaire de 1959 relative à l'organisation et au fonctionnement du service social dans les Administrations de l'Etat[29], bien que tombée en désuétude semble-t-il quant à son application, reste toujours en vigueur. Tout d'abord, elle rappelle qu'il est exclu de solliciter le concours des assistantes sociales pour assurer d'autres fonctions que celles pour lesquelles elles ont été recrutées. Elle affirme ainsi la légitimité du métier.

Ensuite, il est nécessaire de ne pas perdre de vue le secret professionnel qui régit la profession lorsqu'il s'agit de prévoir les modalités suivant lesquelles les assistantes sociales de l'Etat devront assurer leurs fonctions. « *Le respect de ces dispositions implique que l'organisation matérielle du travail, l'installation des locaux et les moyens mis à la disposition des assistantes sociales garantissent la discrétion totale que les bénéficiaires sont en droit d'attendre. Les assistantes sociales doivent disposer d'un bureau leur permettant de s'entretenir avec les personnes qui les consultent sans présence étrangère. Elles doivent recevoir et sans qu'il ait été ouvert au préalable le courrier qui leur est adressé dans l'exercice de leurs fonctions et être en mesure d'expédier sous leur signature et sous pli fermé la correspondance ayant un caractère confidentiel. Enfin, elles doivent disposer du matériel nécessaire pour assurer dans les conditions telles que le caractère secret des fichiers*

---

[29] Circulaire n° 451 FP du 22 octobre 1959 (non parue au *J.O.*).

et de la correspondance puisse être respecté, la rédaction du courrier et la tenue des fiches qu'exige toute activité de service social efficace et rationnelle. »

Et, enfin, le perfectionnement professionnel et en particulier celui des agents de la Fonction publique est une préoccupation présente à tous les esprits et sa nécessité est trop évidente pour qu'il ait lieu d'appeler l'attention des administrations intéressées sur le fait que dans le domaine social, il serait grave de la méconnaître. La constante évolution des sciences humaines, de l'action sociale et des services sociaux exige que ceux et celles qui font appel à ces disciplines et qui travaillent dans ces domaines complètent leur formation et leur information.

Les présentes recommandations ont pour objet essentiel de faire en sorte que dans les administrations, services ou établissements publics, l'activité des assistantes sociales visées par la loi du 9 avril 1955 obtienne les meilleurs résultats dans les conditions les plus favorables et en tenant compte des exigences de la profession ainsi que de la réglementation y afférente. Et le secrétaire d'Etat auprès du Premier ministre Louis Joxe de conclure : « *Il appartient à chacun des ministres d'assurer l'organisation intérieure et le fonctionnement des services d'assistantes sociales relevant de son département, mais le caractère particulier des fonctions d'assistantes sociales justifie qu'il soit fait appel pour noter les intéressées, changer leur affectation ou prendre toute mesure ayant une incidence sur leur carrière ou les conditions de leur activité, à l'assistant techniquement responsable, celle-ci donnera utilement son avis au chef de service compétent. Il est indéniable que la désignation d'une assistante sociale qui jouerait le rôle de conseillère technique auprès des chefs de l'administration dont elle fait partie pour tous les problèmes relatifs au service social et toutes les questions intéressant ses collègues, permettrait de répondre aux deux préoccupations qui ont imposé et guidé l'élaboration de la présente circulaire : assurer l'efficacité de l'activité des assistantes de l'Etat, leur permettre de remplir leurs fonctions conformément aux exigences légales ou morales de leur profession.* »

Non abrogée, cette circulaire a perdu de son allant, de la volonté politique d'asseoir une organisation rationnelle, non pas basée sur du provisoire mais sur du définitif. Elle reste peu connue et insuffisamment utilisée par les responsables des services socio-éducatifs hospitaliers qui l'opposent peu aux directions. Elle contient les recommandations qui préconisent tout ce qui s'est atténué avec le temps mais qui conserve la raison d'être d'une organisation cohérente d'un service spécialisé à savoir, garantir les conditions de travail efficaces, l'autorité et le positionnement du conseiller technique, c'est-à-dire du cadre, et accéder à la formation du fait de l'exigence ajoutée de l'évolution des sciences humaines, de l'action sociale et des services sociaux.

Opposées quasiment point par point aux recommandations précitées, trois limites constituent une entrave à l'organisation actuelle du service social hospitalier à l'AP-HP : la précarité des conditions de travail, la double fonction clinique et d'encadrement gênant voire interdisant au responsable de se positionner et, enfin, l'accès à l'encadrement sans formation.

Contraignante, la précarité des conditions de travail ne favorise pas l'efficacité escomptée. Les bureaux sont parfois partagés par plusieurs assistants socio-éducatif et secrétaires. Ne disposant que d'un box de permanence, la technique de l'entretien comprenant l'accueil, la disponibilité et le respect du rythme de l'individu, est en partie soustraite, confisquée voire détournée *de facto*. Non seulement l'attribution fait défaut mais aussi l'accessibilité des bureaux devient dissuasive notamment lorsqu'il n'y a pas d'ascenseur pour les personnes âgées et handicapées. Quant à la signalétique, elle n'existe que très peu. De même que les installations provisoires entraînant des déménagements itératifs participent à affaiblir non seulement la qualité de la prestation mais aussi l'énergie pour l'offrir. Ce jeu de raisonnement d'installation provisoire d'un service spécialisé, véhiculé et agi de concert par les autorités médicales et administratives, finit par porter atteinte et préjudice aux conditions rationnelles du travail socio-éducatif.

Les directions renvoient encore trop diligemment la responsabilité d'affectation des locaux des assistants socio-éducatifs aux médecins responsables des services hospitaliers, au lieu de réfléchir au concept du département géographique du service socio-éducatif qui réglerait la problématique des locaux d'une manière constructive. Elles considèrent que la place de l'assistante sociale est à l'intérieur d'un service médical. Quelle place lui attribuer lorsqu'elle intervient simultanément dans plusieurs services ? Or, si le recours à l'assistant socio-éducatif fait toujours l'unanimité chez les médecins, n'étant plus sous leur autorité, ils tendraient à se décharger de toute obligation quant à l'attribution des bureaux.

Il s'agit d'un jeu de pouvoir que se renvoient les autorités médicales et administratives. Chacune sert ses intérêts en priorité, les enjeux restant dilués du fait que le contre-pouvoir du socio-éducatif n'est pas à craindre a priori. Selon l'approche éthique et leur sensibilité sociale, les responsables médicaux choisiront leur camp. Dans le contexte actuel, la prééminence du pouvoir médical sur tous les autres y compris sur l'administratif, incite les directions à utiliser un discours fédérateur alors que le cloisonnement est de plus en plus franc. Conservant le flou du provisoire, leur choix de maintenir la place du service socio-éducatif dans le territoire médical relève à la fois du refus de prendre des directives susceptibles d'entraîner des conflits avec les pouvoir en place et du refus du crédit d'autorité envers le service socio-éducatif.

Aussi contraignante, la double fonction clinique et d'encadrement occasionne un réel inconfort pour les responsables et génère une moins-value pour l'équipe dans le sens d'une diminution voire d'une perte de valeur du fait de l'insuffisante représentation du responsable dans le collège des cadres. Dans quel espace temps assurer en plus de sa propre pratique d'intervention auprès des malades et des familles un conseil technique disponible et avisé sinon en agissant par à coups selon le caractère prioritaire du contexte ? La priorité peut être imposée par la direction ou bien relever d'un choix personnel. Dans le premier cas, l'obligation d'obtempérer prime, il s'agit par exemple de concourir aux déclarations des revenus des résidants en soins de longue durée à cause des délais à respecter en abandonnant le management participatif de l'équipe déjà programmé. Dans le second, le choix personnel est lié au désir ou non d'encadrer, par exemple, un créneau de temps est dégagé pour assurer le conseil technique des jeunes professionnels.

En l'absence de formation, le responsable peut utiliser la stratégie d'évitement du management, prétextant souvent le manque de temps, alibi passe-partout. A côté, la stratégie de résistance passive du cadre se manifeste par le *surbooking*, le débordement des affaires à traiter, les dossiers qui attendent, les rendez-vous qui ne trouvent plus leur place sur l'agenda. Le cadre dit oui à toute demande, il s'agit toutefois d'un oui mais. Chaque chose en son temps, la nouvelle demande prendra son tour comme les autres sans discernement ni priorité. La saturation est une des réponses à l'incohérence de la double fonction qui conduit à faire plus ou moins l'impasse sur les charges perçues comme surajoutées, c'est-à-dire ajoutées à ce qui est déjà complet. Bien souvent, seules la gestion des plannings pourra être le témoin visible du management de l'équipe et une réunion d'information mensuelle.

Du fait du parcours embrouillé, laborieux et contrariant pour obtenir les outils élémentaires mais essentiels pour permettre à l'équipe de fonctionner : élaboration de toutes sortes de plans pour obtenir les budgets de fonctionnement, d'équipement hôtelier, de documentation, de logistique informatique et de formation continue, le cadre à double casquette finit par s'essouffler, par ne plus pouvoir suivre le rythme. De plus, la valorisation n'est pas à la clé, au contraire, n'arrivant pas à donner satisfaction ni aux uns ni aux autres, il est perçu comme insuffisant.

Garder la responsabilité du service clinique même partiellement rend l'identité, le positionnement et la légitimité du cadre socio-éducatif difficile voire impossible notamment en matière de management clinique de l'équipe. Hétérogène par nature, la double fonction clinique et d'encadrement contrecarre toute disponibilité. « Garder le nez sur le guidon » ne favorise pas la prise de distance du terrain, l'analyse, la réflexion et le conseil technique. Le professionnel à double facette ne peut révéler à chaque fois qu'une mi-temps de fonction, de ce fait réductrice. Selon leur bon vouloir et les regards qu'ils vont avoir réciproquement, la direction déléguera ou non des responsabilités à ce cadre biface. Un des seuls à présenter cette particularité dans le collège des cadres hospitaliers, son atypie le rendra inclassable par la direction.

Sa place aura tendance à être plutôt négligée qu'ubiquitaire. De même que ses équipiers lui accorderont ou non un crédit d'autorité basé sur sa capacité de les représenter et de les défendre. Enfin, ses pairs le considéreront aussi comme biface et pourront l'accueillir d'une façon opportuniste en le reconnaissant ou pas des leurs. Restreintes, les marges de manœuvre du cadre biface l'amèneront inéluctablement à jouer avec ses limites consenties ou imposées. Tantôt, il se mettra de côté en jouant les frontières, tantôt, il revendiquera sa responsabilité. Cet écart lui permettra des volte-face et des attitudes mi-figue, mi-raisin délétères pour sa crédibilité à l'encontre des directions, de ses homologues hospitaliers et de ses pairs.

L'origine des limites sont sécrétées par des textes muets sur le contenu des profils et des fiches de poste du cadre socio-éducatif, excepté sur l'obligation non définie d'encadrer l'équipe, de rendre annuellement un rapport d'activités et de participer au projet d'établissement. Doit-il se cantonner à l'encadrement ou le mixer à la clinique ? De leur côté, les cadres socio-éducatifs hésitent encore à se positionner réellement. Pour l'instant aucune instance ne s'est réunie pour poser clairement la problématique de l'atypique fonction biface. Celle-ci s'est instituée à partir de celle d'assistante sociale chef, nommée par évolution de carrière et qui ne consistait qu'à établir des planning de présence et de congés.

L'absence de référentiels qui permettraient d'évaluer les charges de travail et les opportunités de vacations limite la capacité de prospective que nécessitent à la fois le management et le leadership, notamment lors de périodes de rupture telles que restructurations médicales, temps partiels, réduction du temps de travail...

Les résultats de l'enquête indiquent que six cadres sur dix ne sont pas déchargés de service clinique et un sur dix n'est pas cadre socio-éducatif alors qu'il en occupe la fonction. Les charges d'encadrement varient de trois et demi à trente-neuf agents pour un seul responsable. Un groupe hospitalier présente une organisation différente dès lors qu'il s'est doté de sept cadres socio-éducatifs dont un responsable coordonnateur pour quarante-deux agents. En partie autonomes financièrement mais interdépendantes de l'AP-HP, les directions satellites adoptent indifféremment plusieurs conduites alors qu'elles sont incluses dans un même établissement public de santé répondant à des référentiels identiques de management et de ressources humaines.

La face cachée des limites de l'organisation témoigne que le métier n'est pas encore construit tant dans son déroulement de carrière que dans l'identification et l'adéquation de ses outils. Faudra-t-il continuer à nommer les cadres par concours sans formation ou à l'ancienneté, ou établir à la fois un profil basé sur des formations adéquates et une fiche de poste ? Tout dépendra de la hauteur de la barre de rémunération que l'employeur acceptera de mettre.

Aussi contraignant, l'accès à l'encadrement sans formation témoigne que les responsables se forment en fonction de leur volontariat et du bon vouloir de leur direction, sans obligation de suivre une formation homogène, qui pourtant existe dans le cadre du diplôme supérieur en travail social, option cadre. Les formations sont coûteuses à la fois sur le plan financier et par le temps consacré. Il n'est pas rare que les directions demandent aux responsables de contribuer personnellement au financement de leur formation soit en espèces, soit en prenant un congé-formation. L'aspect dissuasif d'une telle invitation est tout à fait contraire au droit à la formation de tout salarié et rajoute un préjudice au métier.

Les limites sont issues des textes qui demeurent muets sur l'obligation du ou des types de formations à suivre, ils ne précisent pas non plus le niveau pour être cadre, les nominations se font par concours et partiellement par ancienneté de travail. Les limites proviennent aussi de l'acceptation passive des cadres et des assistants socio-éducatifs qui ne se mobilisent pas ou mal pour défendre leurs intérêts professionnels. Ont-ils su ou pu faire vivre la circulaire de Louis Joxe datant de 1959 ? L'alibi du manque de temps est souvent utilisé par les cadres pour justifier de la stratégie d'évitement ou de la stratégie de résistance passive, susceptibles de pouvoir masquer l'insuffisance de formation. L'alibi du temps se traduit sur le terrain par une difficulté et des dysfonctionnements de gestion, d'organisation et de fonctionnement qui, devenant chronophages, ajoutent de la complexité et de l'embarras à faire la part des choses. Les limites liées à la formation sont souvent à l'origine du stress, de la contrariété et de la frustration perçus par les cadres.

Ces entorses aux conditions prévues par le droit du travail causent un préjudice à l'identité, au positionnement et à l'autorité du responsable du service socio-éducatif. Constituant un défaut de conception, ces manquements intentionnels ne peuvent que générer des dysfonctionnements notamment par l'incohérence, l'irrationalité des pratiques qui amenuisent la qualité du service rendu à la population y recourant. De fait, la responsabilité se trouve partagée entre des directions qui restreignent volontairement la question de l'accompagnement et du suivi social dans l'hôpital et des cadres socio-éducatifs qui manquent sinon de propositions, d'arguments convaincants, du moins d'antagonisme, de pugnacité. L'insuffisance de formation peut toutefois être retenue à la décharge de certains cadres.

Si les intérêts et les enjeux de l'hôpital n'étaient que de produire exclusivement du soin, celui-ci exclurait le service socio-éducatif, ce qui n'est pas le cas. Seulement, de manière détournée, à la manière impressionniste par fines touches successives, du provisoirement définitif au définitivement provisoire, peu à peu la mise à l'écart s'est amorcée pour considérer le service socio-éducatif comme une prestation transitoire jumelée aux politiques sociales, plus ou moins destinée à terme à être remplacée par un dispositif hospitalo-centriste.

Financièrement n'étant pas reconnue par le statut, l'autorité du cadre socio-éducatif ne l'est pas davantage par ses pairs, par la direction et par les autres cadres hospitaliers soignants et administratifs qui émargent à des indices supérieurs aux siens. En outre, sa position de cadre A le soumet à l'autorité d'un directeur adjoint et ne le place qu'insuffisamment à un niveau supérieur à celui de son équipe. En fin d'activité la différence de salaire entre un assistant socio-éducatif et son cadre avoisine les trente-cinq points d'indice, ce qui passe inaperçu. Si le cadre est nommé précocement, son salaire peut être moindre que celui d'un de ses équipiers. Cet aspect de représentation matérielle s'ajoute à la problématique de la position du cadre socio-éducatif.

La position du cadre socio-éducatif ne lui confère pas un statut d'autorité, restant soumise à la discrétion du directeur qui délègue ou non le pouvoir décisionnel à un directeur adjoint. Le choix du directeur adjoint relève d'une stratégie de pilotage par l'attribution d'orientations fonctionnelles et de limites qu'il imposera au cadre socio-éducatif. Si les services spécialisés sont représentés dans les directions, le service socio-éducatif fait partie des rares à ne pas l'être directement. Les légitimités des métiers de l'hôpital sont toutes reconnues dès lors que leur représentant siège dans une direction adjointe. Absent de l'organigramme directionnel, le service socio-éducatif perd de sa légitimité au point de devenir muet et exécutant alors que paradoxalement il symbolise la quote-part des contribuables, citoyens d'une démocratie garantissant l'application des politiques sociales y compris et surtout dans des structures enfermantes.

Enfin, la faiblesse numérique du service socio-éducatif auprès des malades par rapport aux autres métiers hospitaliers ne le prédispose pas à lutter pour défendre sa place. S'il cesse temporairement ses interventions, seule la partie médicale de son action sera pénalisée par l'embolisation des lits de malades atteints de polypathologies, les « incasables ». Cette incidence ne peut pas être visible immédiatement. Quant aux parties médico-sociale et socio-éducative de son action, s'infiltrant dans le temps, elles ne peuvent que passer inaperçues sauf pour les bénéficiaires et leurs proches qui sont déjà en perte d'énergie pour se battre, ne serait-ce que pour eux-mêmes.

La circulaire du 22 octobre 1959 témoignait d'un réel engagement politique dans un contexte économique et social en pleine évolution, en plein essor. L'objectif visait à obtenir les meilleurs résultats dans les conditions les plus favorables de la pratique professionnelle et en tenant compte à la fois des exigences de la profession et de la réglementation y afférente. Les recommandations d'une époque pourtant située pendant les « Trente Glorieuses » visant l'organisation d'un métier établi sur la brèche sont tombées en désuétude paradoxalement à une période touchée par la massification de la précarité bien que technologiquement plus avancée et plus complexe. Liées à la récession économique, ces deux dernières décennies ont vu se précipiter les trajectoires chaotiques d'individus et de groupes. Prolixe en matière de politiques sociales, il n'y a pas de problème, il n'y a que des solutions, la volonté politique ne les a pas assorties ou a minima d'appareillage socio-éducatif d'accompagnement et de suivi. Il ne suffit donc pas de presser sur un bouton pour que les individus et les groupes d'individus se désenclavent tout seuls d'une situation chaotique.

De l'identification du service socio-éducatif par la volonté politique de renforcer et d'asseoir l'autorité, le positionnement hiérarchique, le salaire et l'organisation rationnelle des conditions de travail, naîtra sa légitimité dans l'organigramme directionnel.

LES STRATEGIES UTILISEES

Les réponses apportées dans l'ensemble ont été formulées en terme d'outils de management et non en tant que stratégies. Après avoir été regroupées, elles ont cependant permis de dégager quatre stratégies principales fondées sur des outils identifiés, participative, de logistique clinique, d'alliance et de pilotage.

La stratégie participative obtient le score le plus important, elle comporte l'animation de l'équipe et l'accès à l'information et à la formation. Des quatre stratégies utilisées, la stratégie participative se distingue du fait qu'elle ne s'accompagne pas de situations perçues comme particulièrement difficiles à traiter en terme de responsabilité. Elle est basée sur la dynamique des capacités professionnelles, sur l'interaction continue de l'équipe et sur l'apport pédagogique constant. Ce qui suppose une organisation permettant les échanges. Elle traverse et renforce en quelque sorte les autres stratégies du fait de l'adhésion de l'équipe. Il s'agit donc d'une stratégie transversale.

A l'inverse de la stratégie pyramidale rencontrée chez la majorité des professionnels hospitaliers, la stratégie participative ne suit pas la même logique de pouvoir. Contrairement à la hiérarchie verticale, le pouvoir dégagé par cette stratégie est celui du savoir, du savoir-faire et du savoir-dire, de la recherche et de la compréhension du sens, si difficile à circonscrire face à la mosaïque d'individus et à la diversité des modes de vie et d'insertion sociale. Le métier d'assistant socio-éducatif intervient sinon tout à fait légitimement, du moins est le mieux placé par ses connaissances de l'action sociale, dans l'aide à l'élaboration du projet de vie apportée aux personnes et à leur entourage soumis aux parcours chaotiques contingents de l'altération de l'état de santé.

Viennent à égalité la stratégie de logistique clinique et la stratégie d'alliance. La stratégie de logistique clinique contient l'évaluation des compétences et la définition des orientations. La stratégie de logistique clinique est constamment à favoriser et à promouvoir du fait des transformations des politiques sociales qui redéfinissent à chaque fois les territoires d'action ainsi que les acteurs de terrain. L'évaluation des compétences est non seulement à mesurer en interne de façon régulière et motivante mais aussi en externe. Le lien avec les réseaux est à chaque fois à nouer afin de favoriser les relais hôpital-ville et ville-hôpital. Cette stratégie, au même titre que les autres, exige de lui consacrer à la fois du temps de rencontre et d'échanges, de lecture, de réunions avec les différents acteurs locaux notamment spécialisés en matière de précarité et de gérontologie, axes principaux d'intervention sociale.

La stratégie d'alliance comprend la négociation et le travail en réseau interne et externe. Elle permet la continuité de l'intervention socio-éducative. En interne, les remplacements des congés ne peuvent pas être supportés par les membres de l'équipe déjà en poste, au risque de leur faire perdre le sens de leur action. Les charges de travail ne peuvent être extensibles et supporter des remplacements de façon bénévole comporte des limites au niveau de la déontologie, de la qualité et de l'éthique. Permettre une continuité nécessite de la part des cadres de négocier des embauches de contrats à durée déterminée pour faire valoir l'application des droits sociaux notamment en matière de congé-formation, de congés bonifiés ou d'annualisation des temps partiels. Dès lors que la logistique socio-éducative interne est mise en place, elle privilégie la construction du réseau externe qui pourra être appelé à agir en faveur des individus et de leurs proches dès le retour à domicile. La stratégie d'alliance repose sur des objectifs visibles et représentatifs qui requièrent d'être pris en considération à la fois par les partenaires administratifs, décideurs de la répartition des budgets et par les partenaires médicaux dont le soutien solidaire est attendu, et ce, avec d'autant plus d'acuité lorsqu'il s'agit de négociation d'effectif à durée indéterminée.

Si les trois stratégies participative, de logistique clinique et d'alliance sont couramment utilisées par le responsable, elles le sont aussi naturellement du fait de la formation initiale et de la pratique du terrain par les assistants de service social devenu(e)s cadres socio-éducatifs. Plus spécifique au métier de cadre, la stratégie de pilotage constituée par la valorisation des capacités et de l'image ainsi que par la responsabilisation, n'obtient pas un score satisfaisant. Cette insuffisance témoigne de la fragilité de la formation des cadres ainsi que de l'insuffisance de crédit d'autorité accordé et de la faiblesse de l'organisation du secteur socio-éducatif hospitalier.

La stratégie de pilotage vient en quatrième position de l'ensemble des outils de management utilisés. Sa corrélation aux conditions de travail évoquées situe ce faible score à la fois dans une difficulté d'organisation du service et dans l'insuffisance de savoir-faire lié à l'absence ou à l'insuffisance de formation pour le quart des responsables qui se sont exprimés spontanément au niveau de la question ouverte. Comme nous l'avons observé dans les limites de l'organisation, les textes sont restés plus ou moins muets quant au crédit d'autorité, à l'absence de caractère décisionnel d'un cadre de catégorie A et aux salaires des cadre socio-éducatifs. De la rationalité des conditions de travail naîtra sa légitimité dans l'organigramme directionnel. Ce n'est qu'à partir de là que la stratégie de pilotage prendra sa dimension réelle et apportera sa quote-part à l'organisation.

AUTONOMIE DE LA PRATIQUE DE L'INTERVENTION SOCIALE

Synonyme de la responsabilité assumée de façon concertée ou non, l'autonomie de la pratique de l'intervention sociale signifie la capacité de choix, c'est-à-dire la capacité de prise de décision dans l'exercice du métier pour garantir l'éthique, l'évaluation, l'animation et la gestion de l'équipe, la transmission du savoir et l'innovation dans les pratiques d'intervention sociale.

La stratégie participative représente l'exception dès lors qu'aucune situation n'est perçue comme particulièrement difficile à traiter en terme de responsabilité. Cela signifie que les marges de manœuvre sont suffisamment larges pour apporter de la satisfaction. Dans les fonctions considérées comme exécutantes à l'hôpital, rares sont les personnels hospitaliers qui partagent de façon aussi notoire ce concept d'interaction et d'enrichissement pédagogique mutuel. Deux outils composent la stratégie participative : l'animation de l'équipe et l'accès à l'information et à la formation.

L'animation de l'équipe est une pratique constante et partagée par l'ensemble des cadres dès lors qu'en moyenne une réunion d'équipe a lieu une fois par mois, consacrée aux informations, aux projets, aux invitations d'intervenants extérieurs, etc. Six responsables sur dix animent des groupes à thèmes, huit sur dix animent des études cliniques de situations sociales individuelles et sept sur dix de situations collectives qui leur demandent de conserver les capacités d'évaluation et de traitement de la question sociale de terrain, en particulier, pour traiter les situations les plus complexes.

L'accès à l'information et à la formation semble privilégier l'accueil des nouveaux professionnels qui est assuré par sept responsables sur dix. Si la formation est apportée par quatre sur dix aux centres de formation des travailleurs sociaux, elle est étendue non seulement aux autres professionnels de santé : médecins, pharmaciens, chirurgiens-dentistes, infirmières, aides-soignantes, mais aussi aux organismes publics et aux associations. En ce qui concerne les stagiaires, si l'accord de mise en stage s'établit pour huit responsables sur dix de manière concertée avec le maître de stage, l'école pourtant promotrice de formation ne participe que trois fois sur dix. Le partenariat pédagogique se contracte indifféremment pour quatre cadres sur dix alors que trois sur dix priorisent l'institution, deux sur dix la spécificité santé et un sur dix la sectorisation géographique. L'accueil des stagiaires est limité par le manque de disponibilité, de motivation ou d'expérience des professionnels pour six responsables sur dix. Quatre sur dix pointent la précarité des conditions matérielles et en particulier les changements récents d'affectation.

Deux responsables sur dix identifient les contraintes dans le management de la clinique de leurs agents, elles résident dans l'obligation de l'application réglementaire « respect de la vie privée, des correspondances ; temps de montage des dossiers », dans le traitement social des populations vulnérables « souvent indésirables parce que dérangeantes et bloquant un lit d'hospitalisation ». Elles résident aussi dans la gestion de l'information « trouver le support de transmission : affiche, photocopie, parole... ainsi que dans le moyen de vérifier si l'information est assimilée et bien comprise » et dans la gestion du stress « régulation des tensions dans l'équipe et interéquipes ».

Les marges de manœuvre laissées par la stratégie de logistique clinique favorisent l'évaluation et l'innovation à la fois en interne et en externe. En interne, chaque année huit responsables sur dix élaborent le rapport d'activité tandis que six sur dix élaborent le projet du service social. 50 % alertent les instances internes lors des difficultés d'orientation de certains malades et 54,54 % lors des dysfonctionnements dans l'accès et la continuité des soins. Paradoxalement aucune réponse n'est apportée tant par les instances internes à l'AP-HP, que par les institutions de la cité. En externe, l'appel à de multiples instances est partagé par les trois quarts ; cette pratique d'interface hôpital cité est très largement partagée par les responsables du service social.

Si la stratégie d'alliance est difficile à pratiquer dès lors que six responsables sur dix buttent sur les contraintes justifiant son utilisation, elle leur ouvre des marges de manœuvre tant au niveau de la continuité du réseau interne et externe qu'à celui de la négociation. S'assurer de la continuité du réseau interne et externe conduit le responsable à recruter et à remplacer les assistants socio-éducatifs et les secrétaires afin de maintenir la prestation sociale aux malades et à leur entourage, comme dans tout service public.

Sept responsables sur dix diffusent les publicités des postes à pourvoir, quatre sur dix assument la responsabilité totale du recrutement alors que six sur dix donnent leur avis technique et voient leur choix respecté en général. Il en est de même pour pourvoir les postes de secrétaires. Dans certains établissements, les procédures de recrutement sont formalisées. Le cadre opère la sélection quatre fois sur dix, donne son avis trois fois sur dix et le médecin-responsable opère la sélection deux fois sur dix. Le passage de tests psychotechniques est obligatoire deux fois sur dix. Dans l'ensemble, sept fois sur dix le choix final est concerté avec la direction.

La négociation est utilisée entre le responsable du service social et la direction pour les remplacements des congés et pour l'affectation des effectifs lors des restructurations médicales. Les responsables se font remplacer six fois sur dix par un assistant socio-éducatif lorsqu'il est le seul cadre socio-éducatif dans l'hôpital et trois fois sur dix par un autre cadre socio-éducatif lorsqu'il y en a plusieurs sur l'établissement. L'autogestion et le non-remplacement restent marginaux. Pour les remplacements des congés de maternité, de longue maladie, des congés bonifiés et d'annualisation des temps partiels, sept cadres sur dix parviennent à négocier l'embauche d'un contrat à durée déterminée. Par contre, trois sur dix ont des difficultés car ils n'ont pas de marge de manœuvre suffisante.

Si la stratégie de pilotage fait défaut aux responsables du service social, paradoxalement un de ses outils de management, la responsabilisation témoigne des marges de manœuvre. Selon qu'ils aient informé ou sollicité leur direction pour garantir la protection juridique à la fois dans la pratique clinique et dans la gestion de l'équipe, leur autonomie s'affirme. Par exemple, pour les témoignages auprès des tribunaux, les responsables du service social informent leur direction neuf fois sur dix alors qu'ils ne la sollicitent qu'une fois sur dix. A égalité dans le tiers des cas, concernant la protection ou la valorisation de l'image des membres de leur équipe, les responsables informent ou sollicitent leur direction. En matière de faux et usages de faux à l'encontre des usagers ou des professionnels, les informations et les appels à la direction sont à égalité. Dans les cas d'agression à l'encontre des agents, les responsables informent leur direction huit fois sur dix, ils la sollicitent six fois sur dix. Enfin, dans les cas de harcèlement, l'information et la demande d'intervention sont faites de manière systématique.

La valorisation des capacités et de l'image autorise aussi l'élargissement des marges de manœuvre du responsable du fait de ses fonctions de représentation. Si cinq cadres sur dix participent à des réunions dans l'établissement et trois sur dix à l'extérieur, seuls deux sur dix sont associés aux réunions organisées par l'AP-HP. En interne, les responsables sont associés aux réunions entre la direction et le personnel d'encadrement, aux commissions concernant certaines maladies et aux réunions transversales. En externe, les rencontres se partagent autant entre le secteur institutionnel qu'associatif. Enfin, les réunions du siège les convient à des groupes de travail sur les typologies de malades et sur les réseaux.

Somme toute, les contraintes s'opposant à l'autonomie de la pratique de l'intervention sociale touchent à la régulation et à l'évaluation des pratiques, à l'obligation de l'application réglementaire et au traitement social des populations vulnérables. De plus, le manque de moyens affectés aux remplacements des congés obligent trois cadres socio-éducatifs sur dix à augmenter les charges de travail sur l'équipe restante. Les effets paradoxaux concourent à amenuiser la disponibilité exigée par le traitement de plus en plus difficile de la question sociale tout en augmentant le stress lié aux surpressions des charges de travail. Leur mission pédagogique est aussi limitée du fait de la précarité des conditions de travail.

INTERDEPENDANCE DE LA SOCIOLOGIE DE L'ORGANISATION HOSPITALIERE

La stratégie participative ne contient pas d'éléments de contraintes en regard de l'interdépendance de la sociologie de l'organisation hospitalière. L'exception se situe au niveau de l'accueil des stagiaires. Les insuffisances liées à l'organisation viennent contrecarrer la fonction pédagogique à cause de la charge de travail trop lourde et de la précarité des conditions matérielles, il s'agit généralement des bureaux suroccupés ou difficiles d'accès.

Concernant l'évaluation des compétences des assistants socio-éducatifs, un responsable sur dix demande encore le concours du médecin chef de service, pratique pourtant abrogée par le décret de 1993. Trois sur dix lui demandent son avis tandis que cinq sur dix collectent les remarques des équipes hospitalières. Pour l'évaluation des secrétaires sociales, quatre responsables sur dix demandent le concours de l'assistant socio-éducatif et cinq sur dix lui demandent son avis. Les fiches de poste sont régulièrement mises à jour à l'occasion des évaluations.

La stratégie d'alliance corrélée à la responsabilité dans le fonctionnement a pour but d'élargir les marges de manœuvre pour six responsables sur dix. Les contraintes sont liées à la gestion des personnels en difficulté de santé *« difficulté de gérer les problèmes psychologiques du personnel dont les conséquences interfèrent à la fois au niveau de l'équipe, sur la qualité du travail et entraînent l'intolérance des services hospitaliers »*. Les contraintes se situent aussi dans le recrutement où les responsables peuvent se sentir paradoxalement exclus du choix ou trop seuls pour l'assumer. Les marges de manœuvre sont quelquefois difficiles à trouver lors des conflits interéquipes ainsi que pour la paix sociale et le partenariat avec la direction.

Le manque de partage de responsabilité dans l'organisation constitue une gêne pour le quart des cadres socio-éducatif. Dans leurs discours de plainte, le triptyque constamment exposé fait l'unanimité. Il s'agit de la précarité des conditions de travail, de la double fonction de certains cadres et de l'accès à l'encadrement sans formation. Ils utilisent peu la stratégie de pilotage qui paradoxalement leur fait le plus défaut.

La précarité des conditions de travail dépend des manettes tirées par les directions. Il n'existe pas de protocole spécifique qui garantisse l'attribution des locaux : un bureau par professionnel, une salle de documentation et de réunion ainsi que les outils indispensables à l'activité. L'éthique professionnelle et l'autonomie de l'activité sont contingentes des moyens attribués. Le secret professionnel et la confidence élémentaire au respect de la vie privée, peuvent-ils être garantis lorsque l'assistant socio-éducatif partage le bureau avec un ou plusieurs autres collègues et des secrétaires ?

La responsabilité technique du cadre socio-éducatif est interférente de l'organisation hospitalière ; ainsi l'autonomie de la pratique de l'intervention sociale au bénéfice des citoyens malades et de leurs familles n'est pas garantie. La double fonction clinique et d'encadrement du responsable ne lui permet pas de se positionner en tant que tel, pas plus en intra et en interéquipe qu'auprès de la direction, des malades, des familles ou des différentes instances extérieures.

Ne dotant pas le cadre socio-éducatif de moyens suffisants pour répondre aux objectifs professionnels, les directions créent un facteur de risque touchant à l'exercice de la responsabilité technique de l'hôpital face aux usagers.

Les marges de manœuvre existent notamment au niveau de l'interdépendance direction-service social. C'est le cas des délégations des unités administratives qui autorisent les responsables à établir un plan annuel d'attribution du budget de documentation, d'équipement, de logistique informatique, de fonctionnement et de formation continue. Si neuf responsables sur dix disposent d'une unité administrative, l'exception, un sur dix, traduit sinon l'absence de définition de critères de dotation du moins le manque d'homogénéité dans l'organisation des budgets.

Dans certains établissements, la dépendance financière du service social au service de soins infirmiers le rend susceptible d'être considéré non pas comme un service à part entière mais comme une filiale. Bien que totalement différentes, la pratique de l'action sociale est complémentaire de celle des soins infirmiers, de la même manière que la pratique de la pharmacie de celle de la médecine. La direction prendrait-elle le risque de subordonner le budget de la pharmacie à celui de la médecine ? Quel intérêt de conserver cette position dont les conséquences en bout de chaîne peuvent nuire au citoyen malade ?

La corrélation entre l'élaboration du plan annuel et la dotation budgétaire ne fait que confirmer la déflation en matière de formation continue. Globalement, il s'agit du rapport de dotation le plus faible en réponse aux différents montages de plans budgétaires. Alors que les trois quarts des plans de formation sont élaborés et soumis par les responsables, seul un quart sera doté. Les plans de logistique informatique élaborés à 73 % trouvent 41 % de réponses, les 73 % de l'équipement ont 55 % de réponses et les 86 % de documentation présentés trouvent 77 % d'écho. A l'inverse, le nombre d'attribution du budget de fonctionnement est supérieur à celui des demandes 45 % contre 36 %. Est-ce une tactique de la direction de responsabiliser les cadres face au risque exponentiel des dépenses engagées par l'équipe, dépenses constituées par les fournitures, les imprimés, les photocopies mais surtout par l'utilisation du téléphone, voire les appels vers les portables ?

Somme toute, les règles d'organisation abondent dans le manque d'homogénéité à la fois, au niveau des conditions de travail, de la double fonction clinique et d'encadrement et de l'accès à l'encadrement sans l'exigence de formation. L'hétérogénéité peut-elle être source de créativité et d'adaptation à l'environnement intra et extra-hospitalier ?

LA RESPONSABILITE : PRIVILEGE OU SERVITUDE ?

Les marges de manœuvre et les limites engagent la responsabilité du cadre socio-éducatif autant au niveau de l'autonomie de la pratique de l'intervention sociale qu'à celui de l'interdépendance de la sociologie de l'organisation hospitalière.

La stratégie participative est généreuse par nature puisqu'elle représente la dynamique, l'échange et l'enrichissement de tous. Elle contribue à asseoir la légitimité du cadre socio-éducatif sans lequel cet élan n'existerait pas tout en constituant pour bonne partie le privilège du chef. Il montre à son équipe qu'il a la maîtrise du temps, de l'espace du fait de son poste de vigile, sans toutefois être installé dans une bulle territoriale confortable. A l'opposé, la servitude amène le chef à protéger ses troupes, à jouer tantôt à l'arbitre, tantôt au bouclier intra et interéquipes, à motiver les professionnels, à être garant de l'ambiance, à récompenser, à transmettre le savoir par l'apprentissage des jeunes et être le moteur de l'innovation. Pour ce faire, la stratégie de pilotage lui fait défaut. Certains responsables, demandeurs infortunés de formation, n'auront pas le loisir d'apprendre que les qualités du chef vont du goût du pouvoir à la sociabilité, de la détermination à l'intelligence, l'ensemble coiffé par le goût du risque. Pas plus qu'ils n'apprendront à rester accessibles, à faire confiance aux autres, à partager leurs convictions et à déléguer le pouvoir à ceux qui adhèrent à leurs projets.

Des fiches d'identité du cadre socio-éducatif aux limites de l'organisation, des stratégies utilisées à la responsabilité technique assumée de façon permanente, l'hétérogénéité de l'organisation du service social des quarante et un hôpitaux n'est pas sans générer des dysfonctionnements dans la pratique même du métier d'assistant de service social. Les disparités contribuent à desservir sinon à léser en bout de chaîne le traitement de la question sociale posée par le citoyen malade et sa famille et l'image du service social hospitalier en interne et en externe.

Dès lors que les règles d'organisation interfèrent sur la responsabilité technique dont l'objectif garantit l'autonomie des pratiques, le cadre socio-éducatif a pour impératif déontologique de contribuer à réduire les dysfonctionnements. L'apport de sa plus-value témoigne de l'application politique ou non de l'action sociale. Quelle est l'image de l'individu malade véhiculée par les directeurs lorsqu'ils attribuent aux assistants de service social des bureaux suroccupés ou difficilement accessibles ? Les considèrent-ils comme des exclus qui ne disposent pas des mêmes droits que les autres professionnels hospitaliers et *a fortiori* leurs usagers ? Que signifie une équipe laissée sans cadre pour la motiver et lui rappeler les règles du métier sinon l'acceptation de résultats insuffisants au bénéfice des malades ? Enfin, limiter l'accès à la formation des professionnels intervenant sur un champ en perpétuelle mouvance politique et sociale relève d'un temps révolu où la punition était la seule réponse aux personnes dérangeantes. Paradoxalement, la réponse apportée à l'usager est en régression du fait de la difficulté d'accès aux formations adaptées conjointement au recul des prestations. Quelle représentation de l'insertion et de sa dynamique lorsqu'elle est assimilée à de l'indigence ?

Pour ne pas contribuer au risque de stigmatisation des clients du service social, le cadre socio-éducatif a pour impératif la conceptualisation théorique et pratique de la responsabilité technique. Il affirme la considération éthique qu'il a de l'individu malade pris dans son projet de soins et dans son projet de vie, par l'apport de la synergie de l'action sociale à l'acte thérapeutique.

L'enquête a permis de démontrer que l'autonomie technique est contingente de l'interdépendance de l'organisation hospitalière. Ainsi, les marges de manœuvre et leurs limites se partagent à deux niveaux : celui de l'autonomie de la pratique de l'intervention sociale et celui de l'interdépendance de la sociologie de l'organisation. Placées sous le registre de la responsabilité technique, les marges de manœuvre permettent-elles réellement au responsable de garantir la qualité et la continuité de la prestation de service social à l'hôpital public et d'en répondre ?

L'étude de l'enquête a démontré l'interaction des contraintes sur l'autonomie de la pratique de l'intervention sociale. Elle a traduit l'impact sur la régulation et l'évaluation de la clinique sur l'obligation de l'application réglementaire parfois oubliée dans la sphère hospitalière et sur le traitement social des populations vulnérables. Le manque de moyens pour assurer la continuité de la prestation sociale et la pression exercée par les différents services notamment les services de soins, augmente le stress des professionnels et parasite l'accompagnement social qui permet entre autres l'accès aux droits et l'accès aux soins de la clientèle.

En parallèle, la démonstration de l'interaction des contraintes exercées sur la responsabilité technique du fait de l'interdépendance de la sociologie de l'organisation hospitalière abonde dans la disparité des règles d'organisation, formant le triptyque de l'entrave au positionnement réel de responsable dont l'incidence sur l'éthique n'est pas négligeable.

Au niveau des conditions de travail, les dénominateurs communs sont la précarité des locaux, la gestion des personnels en difficulté de santé, le recrutement où paradoxalement le responsable du service social peut être exclu du choix ou trop seul pour l'assumer et l'absence de procédure de dotation des budgets.

Au niveau de la double fonction clinique et d'encadrement, l'absence de définition de règles pour l'exercice du métier de cadre socio-éducatif compromet son positionnement face au citoyen malade, à sa famille, à son équipe, aux équipes partenaires intra et extra-hospitalières, à la direction et aux instances extérieures. De même que les charges d'encadrement ne répondent à aucun protocole défini.

Au niveau de l'accès à l'encadrement aucune formation n'est exigée. Elle reste soumise au projet des professionnels et à la discrétion des directions. Des formations homogènes existent cependant et sont sanctionnées par le ministère. Le DSTS (diplôme supérieur en travail social) est l'un des deux diplômes, avec le CAFDES (certificat d'aptitude aux fonctions de directeur d'établissement social), qui préparent à l'exercice du métier de cadre socio-éducatif.

Pour toutes ces raisons, la responsabilité technique, partie visible de l'iceberg, requiert de s'étendre à la gestion de l'organisation, à moins d'être potentiellement menacée ainsi que la démonstration le prouve. Dès lors que la politique hospitalière favorise l'organisation des services médicaux et soignants et que le décret de 1993 n'a pas été suivi d'arrêté définissant les modes d'organisation du service social, les cadres socio-éducatifs ont vu leur responsabilité se réduire comme une peau de chagrin, leurs budgets fondre et par conséquent leur crédibilité être entamée.

Une décennie de pratiques dépréciatives a suffi à les rendre parents pauvres, n'ayant plus la capacité de jouer le contre-pouvoir. L'hôpital, devenu exclusivement un lieu de soins, s'est mis à exclure à la fois les conséquences de la maladie et du handicap, la précarité des conditions de vie notamment chez les personnes isolées, sans domicile et sans travail, les jeunes « en galère » ou toxicomanes ainsi que les vieux. Ensuite la loi contre les exclusions instaurait l'ouverture des permanences d'accès aux soins de santé pour les personnes démunies afin d'éviter que ne soient soignés que ceux qui bénéficiaient de droits. Plus récemment, les réseaux médicaux et sociaux hôpital-ville s'étendent au maintien à domicile des personnes malades, handicapées et vieillissantes.

Afin de récupérer la capacité de jouer le contre-pouvoir et pour contribuer à réduire les attitudes d'exclusion de l'hôpital, un des moyens serait d'adjoindre directement le service social au directeur d'établissement. Cette organisation contribuerait à atténuer les pratiques disparates de l'action sociale d'un hôpital à un autre. Comme tout pôle d'activité à l'hôpital, le service social revendique les moyens d'être un pôle d'excellence, d'autant que sa prestation est financée de la même manière que les consultations, les examens ou les soins, par l'assurance maladie à laquelle cotise tout citoyen.

Privilège et servitude, la responsabilité dépasse à la fois l'intérêt des choix prioritaires voire imposés par les directions et l'enjeu du positionnement hiérarchique. L'hôpital se comporte comme une entreprise privée alors qu'il appartient aux établissements publics de santé tenus de rendre des services qui sont des principes d'égalité d'accès aux soins et d'accompagnement social ainsi que des principes de servitudes pour tous les professionnels.

RECOMMANDATIONS

Première hypothèse : A l'instar de l'œuvre du service social fondée le 30 mai 1921, la mutualisation de fonds publics ne pourrait-elle pas subventionner des cabinets publics ou privés, implantés en dehors des structures afin de garantir la souplesse, l'autonomie, les facultés d'adaptation et l'indépendance « *que les administrations indispensables mais souvent trop rigides ne permettent pas facilement dans les circonstances médico-sociales* [30] » ?

Deuxième hypothèse : A l'AP-HP d'élaborer une circulaire interne spécifique au mode d'organisation de service social afin de compléter le décret de 1993 ou de pressentir le Ministère pour l'élaboration d'un arrêté mettant fin au vide juridique. Les objectifs sont les suivants :

---

[30] Dr Louste. – *Le service social à l'hôpital* (p. 3). *Ibidem*, 1993.

1. *Valoriser la formation à l'encadrement du service socio-éducatif :*
– proposer au choix les deux types de formation labellisée : DSTS ou CAFDES et les reconnaître hiérarchiquement et financièrement ;
– exiger pour tout encadrement l'engagement à suivre la formation de cadre du social ;
– prendre en charge les frais liés à la formation de cadre du social ainsi que ceux liés au maintien d'un effectif suffisant ;
– garantir la formation continue.

2. *Favoriser le positionnement réel du cadre du social :*
– l'adjoindre directement au directeur de l'établissement sur l'organigramme ;
– le décharger de service clinique ;
– nommer un nombre de cadres en fonction du nombre d'agents à encadrer ;
– lui accorder les primes d'encadrement déjà versées aux autres cadres qui en bénéficient.

3. *Garantir les conditions de travail :*
– obtenir un effectif suffisant de cadres, d'assistants(es) socio-éducatifs(ves) et de secrétaires sociales ;
– grouper dans une ou plusieurs unités géographiques les locaux du service social, comprenant outre les bureaux, un bureau par assistant de service social, un secrétariat regroupé par unité, une salle de réunion et de documentation et une salle d'attente ;
– formaliser des procédures de recrutement des assistants(es) de service social et des secrétaires ;
– affecter des crédits pour assurer les remplacements de tous les congés ;
– favoriser le partenariat avec la médecine du travail pour gérer les difficultés de santé des agents ;
– attribuer un budget et permettre au cadre d'en débattre lors des conférences budgétaires.

CHAPITRE II
Galerie de portraits

Nous avons souhaité conserver la capacité de plaisanter, parfois de façon ironique, pour porter notre regard sur notre groupe professionnel d'appartenance auquel nous témoignons notre entière sympathie. Il nous a semblé cohérent de nous mettre en scène dans les événements quotidiens avec nos partenaires hospitaliers et de nous rencontrer pour proposer un arrêt sur image traduisant les nouvelles du moment. Les rapports humains ne cesseront jamais de nous étonner...

La galerie de portraits était pour nous l'expression d'un défi à relever, celui de l'écriture. Il est notoire que les assistants socio-éducatifs et leurs cadres n'écrivent pas ou si peu et que leurs actions, leurs interventions, leurs témoignages et réflexions ne passent qu'à travers le filtre d'autres professionnels. Pour notre groupe de réflexion et d'écriture, la galerie de portraits a été la saisie de manière empirique de séquences de vie professionnelle, accompagnées de tensions combinant à la fois une application soutenue et un état qui menace de rompre. Nous avions réussi à mettre en place non seulement un dérivatif, mais aussi un exutoire.

Il s'agissait en premier lieu d'ouvrir le rideau, comme au théâtre, sur les conditions dans lesquelles se pratique l'intervention sociale à l'intérieur des services hospitaliers. Même si les pièces de théâtre sont écrites, elles ne sont jamais interprétées de la même manière, ni par le même acteur, ni par des acteurs différents. Il y a une similitude avec l'assistant socio-éducatif qui joue son rôle en l'adaptant constamment à toutes sortes d'immixtions. Du fait de son métier, il lui est difficile de communiquer sur les contraintes liées à sa pratique. Mais aussi sa discrétion s'explique en partie par le secret professionnel ajouté au devoir de réserve. Prononcer peu de parole sur du vécu professionnel composé essentiellement d'écoute de situations dramatiques risque d'obérer à terme l'équilibre du métier en ne laissant percevoir que la partie visible de l'iceberg du travail : la partie administrative. Nous avons opté pour l'écriture de saynètes qui puissent exprimer à la fois la part d'instantanéité qui lui est demandée dans l'écoute, dans l'accompagnement, dans la réactivité et la part de réserve, de prise de distance. Rapidement, les préalables à l'écriture et sa mise en forme ont produit un effet cathartique. Ils nous permettaient de dévoiler ce qui reste voilé, surtout dans un lieu aussi chargé d'histoire que l'hôpital, ancien asile abritant les déshérités de toute sorte.

En second lieu, pour affirmer le caractère productif de l'intervention sociale, les saynètes ont suivi les vecteurs proposés par l'entreprise, organisation autonome de production de biens ou de services marchands, telle l'industrie ou le commerce. Ce choix reposait sur le double paradoxe : l'accès aux droits porte atteinte à la liberté et le social coûte cher et ne rapporte pas à court terme. Considéré comme parent pauvre à l'hôpital, le service social est soumis aux injonctions de différents partenaires administratifs, médicaux et soignants. Même si la désignation du « cas social » s'est estompée depuis deux décennies, la représentation du bénéficiaire du service social porte encore les stigmates de discrimination dans le sens de la séparation des groupes sociaux, les inclus et les exclus. En quelque sorte, de la même manière qu'en médecine, il y a d'un côté les bien-portants sociaux et de l'autre, les sociaux malades.

Interface, le service social est susceptible d'être mis à l'index dès lors que l'accès aux droits porte atteinte à la liberté. L'insertion rejoint l'enfermement et inversement. D'aucuns subodorent le lien entre l'insertion et la répression. Ces deux dynamiques ne se situent pas sur la même ligne. L'insertion s'articule en opposition de l'enfermement, du délaissement dès lors qu'elle agit au sein de la reliance sociale et non pas à l'encontre d'une pénalisation infligée par les forces de l'ordre social.

L'accès aux droits est un dispositif qui place l'individu dans son centre, ainsi à l'hôpital le malade est au cœur de son action. *Ipso facto,* l'individu placé au centre d'un dispositif y est enfermé. Il eut été préférable de centrer le dispositif sur l'individu, cela paraîtrait plus logique pour lui garantir la liberté. Si l'individu refuse d'être au centre d'un dispositif, il perd l'accès aux droits. Par exemple, lorsqu'il s'agit de faire sortir un malade pour permettre l'admission d'un autre, demander la violation d'un domicile privé à l'assistant socio-éducatif ne semble pas déranger certains soignants. Si les permanences d'accès aux soins de santé attendent de l'assistant socio-éducatif l'accès aux droits, c'est pour faciliter l'accès aux soins, l'hôpital produit du soin tout en luttant contre les dépenses irrécouvrables. De même que les médecins peuvent reprocher à l'assistant socio-éducatif de privilégier le projet de vie au projet de soins puisque l'inverse prime dans leur logique.

Ces exemples confirment que l'individu malade et ses proches situés dans un dispositif n'ont d'autre choix que d'y rester ou d'en sortir. Sécrétant leurs propres règles, les dispositifs quels qu'ils soient obèrent partiellement la liberté de choix des individus. Interface, le service socio-éducatif véhiculant une promesse de changement risque quelquefois de devenir le bouc émissaire tantôt des partenaires de la structure, tantôt de ceux qui y recourent.

Bien que la mission du service socio-éducatif consiste à promouvoir l'autonomie des individus par l'insertion, ses actions appuyées sur l'application des règles de la cité sont reléguées au rang des prestations subsidiaires, à la fois secondaires voire accessoires et découlent du subside voire du don qui colmate l'indigence, pudiquement désignée par la précarité. Devenu spécialiste, l'établissement public de santé a gagné en technologie en même temps qu'il s'est appauvri en accompagnement social. La conséquence a consisté à isoler au moins deux parties de l'individu, la partie malade de son corps et la partie de son autonomie environnementale. La traduction financière de cette dichotomie conduit à penser que le social coûte cher et ne rapporte pas. Ayant pour vocation le soin médical, l'établissement public de santé a aussi pour mission d'organiser en aval la mise en place des réseaux sanitaires et sociaux soit en établissement ou à domicile. Toute orientation de cet ordre est soumise à un temps d'attente pour obtenir un accord ou un refus de faisabilité, suivi d'un second temps d'attente d'attribution d'une place tant pour l'entrée dans une structure de soins de suite que pour avoir un service de soins ou d'aide ménagère à domicile. Entre la demande médicale et la mise en place du dispositif d'aval, la durée inhérente aux contraintes des partenaires extérieurs varie alors que la prise en charge médicale est achevée. L'effet pervers de ce temps de mise en réseau pénalise les budgets alloués aux services médicaux soumis au respect des règles de coût statistique basées sur le diagnostic et sur la mise en place du traitement d'une pathologie.

Il revient au service socio-éducatif de rechercher l'adéquation des dispositifs pour laquelle le facteur temps est susceptible de contrecarrer la durée moyenne de séjour. Plus rapides, les transferts de service intra ou extra hospitaliers ne suscitent pas la même gêne. Les tensions entre les médecins et l'assistant socio-éducatif proviennent de la manière dont s'articule l'aval de l'hospitalisation. Moins les résultats sont proches, plus elles progressent. Lorsque la décision médicale est prise de contourner les délais d'attente, la prescription ayant généré un travail social est soit annulée ou bien le malade est déclaré sortant le week-end, sans tenir compte de l'intervention sociale en cours. Pour les personnes sans-abri, l'accès gratuit au 115 à Paris à partir de toutes les cabines téléphoniques exonère l'hôpital de sa responsabilité en matière humaine et sociale. Les contraintes inhérentes à la sociologie de l'organisation hospitalière exposées dans le premier chapitre rendent parfois difficiles les négociations entre les directions et les responsables du service socio-éducatif. Pour les directions, la représentation du service socio-éducatif est à la fois celle d'un service lorsqu'elle communique avec le responsable et celle d'individus lorsqu'il s'agit d'intervenir sur les conditions de travail. L'assistant socio-éducatif conserve pour les directions son ancien statut de personnel hospitalier, attaché au service médical. Si dans les textes le service socio-éducatif dépend des directions, de fait dans la pratique, les conditions de travail sont encore souvent liées au bon vouloir des chefs de service médicaux qui restent les premiers clients.

Enfin, en troisième lieu, après avoir élaboré la forme et le fond des séquences professionnelles, nous souhaitions les communiquer à la fois à travers une édition et une représentation de jeux d'acteurs amateurs ou professionnels. Notre première mouture s'intitulait : « *Au crépuscule du XXe siècle,* *rires, soupirs et grimaces sous le masque des assistantes sociales à l'hôpital »*. Ecrites, les saynètes pouvaient être interprétées. De plus, le livret explicatif, sorte de grille de lecture, servait de repère didactique. Notre démarche a été interrompue par le départ à la retraite d'un de nos coauteurs élargissant notre réflexion à la responsabilité du cadre socio-éducatif. Constamment présente, cette notion nous échappait du fait que nous avions démarré notre chantier par le choix des saynètes basées sur l'empirisme. Plus spontanées que des interviews, elles dévoilaient sans amertume, à partir de la reconstitution du vécu, la récurrence des actes et des comportements professionnels. Nos deux chapitres s'enrichissaient ainsi d'un troisième apportant l'homéostasie manquante dans notre ouvrage.

Les saynètes constituent des histoires vécues, elles sont suffisamment remises en forme pour échapper à une réalité reconnaissable. Fidèles au quotidien professionnel des assistants socio-éducatifs et de leurs cadres à l'hôpital, elles véhiculent les contrastes, les possibles, les limites et les tensions partagées. Nous avons privilégié l'humour pour compenser le sérieux, le découragement parfois le dépit. Afin de présenter la réalité de manière à en dégager les aspects plaisants et insolites, nous avons inséré l'humour dans les pseudonymes. De cette façon, il préservait le respect dévolu à chaque acteur, partenaire professionnel, puisqu'infiltré à travers la parole. Provoquant un effet libérateur, l'humour permettait de contourner les pouvoirs en place. Il ouvrait des possibles en estompant la retenue et la réserve professionnelles circonscrites simplement à la désignation.

Proches de la réalité sur le fond, les saynètes par leur côté dérisoire sur les pseudonymes permettent une prise de distance qui s'ajoute au confort du contact par lecture ou par interprétation. Elles s'adressent à tout lecteur curieux de connaître à la fois les conditions et la nature de l'intervention du service social à l'hôpital. Elles ne contiennent pas d'accès de défense ou d'attaque personnalisée dès lors qu'il s'agit de désignation fictive des personnages. Il ne s'agit donc pas de règlement de compte. Aux raisons évoquées de leur écriture s'ajouterait de façon latente l'espoir d'une prise de conscience de ce qui se joue en quasi-huis clos auprès des individus malades et de leurs proches pris dans le cycle social ternaire de la maladie passant de la séparation à la réclusion et de la réclusion à l'insertion. Si les saynètes arrivaient à faire prendre conscience des résistances persistantes dues à la fois à des reproductions de comportement, à des automatismes ou à des négligences, nous considérerions modestement qu'elles atteindraient le but que nous leur avions destiné. Plus prosaïquement, si elles restent plaisantes plutôt que plaintives, notre exutoire aura libéré la représentation indigente du service social et de ses bénéficiaires.

N° 1 : SE PROTEGER / COMBATTRE

L'assistante sociale, qui se prénomme Françoise, accompagne un malade à la porte de son bureau.

Le malade : Merci madame. Au revoir.

FRANÇOISE : Au revoir monsieur. *(Elle se dirige vers le bureau et regarde sa montre. Elle s'assied et elle entreprend de rédiger un compte-rendu lorsque le téléphone sonne.)*

Françoise décroche : Allô ?

Mme ARICAULT : Rebonjour, on s'est vues ce matin, c'est Mme Aricault. Dites-moi, il faudrait que vous alliez cet après-midi chercher les affaires de Mme Quick. Elle avait pris une chambre dans une pension située je crois dans le XVIIIe. Attendez, je vais vous donner l'adresse...

FRANÇOISE : Mais j'ai des rendez-vous moi cet après-midi !

Mme ARICAULT : C'est pas grave, vous n'avez qu'à les annuler ! Ce que je vous demande est urgent !

FRANÇOISE : Il n'en est pas question d'autant que certains ont été pris il y a quelques jours et on n'annule pas les rendez-vous comme ça une heure avant !

Mme ARICAULT : Bon, assez épilogué, vous irez cet après-midi chercher les affaires de la malade. Elle doit être rapatriée demain matin à 9 heures par l'externe chez elle, en Angleterre. Elle ne peut pas sortir seule et moi, je n'ai pas assez de personnel pour perdre l'après-midi.

FRANÇOISE : Mais il n'en est pas question. Je ne peux pas y aller. Vous vous rendez compte que vous me prévenez à treize heures pour une démarche en urgence alors que j'ai des rendez-vous déjà pris pour tout l'après-midi ? Les gens vont se déplacer comme convenu et trouver la porte close, ce n'est pas possible, je n'aurais même pas le temps de les prévenir...

Mme ARICAULT : Si vous refusez, j'appelle votre responsable, Mme Crise. Vous n'avez pas le droit de refuser ce qu'on vous demande, ça concerne tout de même une malade, non ?

FRANÇOISE : Déjà c'est pas Mme Crise mais Mme Cerise. Ce matin, lorsque je suis passée dans le service, je vous ai demandé s'il y avait des problèmes. Vous m'avez répondu qu'il n'y avait rien de particulier. Vous auriez pu m'en parler ce matin ? Je serais allée voir la malade, j'aurais pu en discuter avec elle...

Mme ARICAULT : Quand vous êtes passée, les médecins n'avaient pas encore fait la visite, la décision de la rapatrier a été prise par les médecins pendant la visite, voilà tout.

FRANÇOISE : Ah ! les décisions se prennent comme ça, en une fraction de seconde... Le jour pour le lendemain... Exclusivement par les médecins, et vous, vous exécutez... plutôt vous demandez aux autres d'exécuter. Ça ne vous gêne pas de décider à ma place ?

Mme ARICAULT : Vous n'avez qu'à régler directement vos problèmes avec les médecins, moi, je n'y suis pour rien dans leurs décisions !

FRANÇOISE : Comment vous n'y êtes pour rien ? C'est tout de même bien vous qui me demandez d'aller chercher les affaires de la malade cet après-midi ! Je vous précise que les médecins de votre service ne m'ont pas contactée.

Mme ARICAULT : Si je ne vous le demande pas à vous, dites-moi à qui dois-je le demander ? Puisque la malade ne peut pas y aller seule ! En voilà une affaire ! Vous êtes bien là pour régler les problèmes, non ? C'est pas un problème social d'aider une étrangère à récupérer ses affaires ? Si ce n'est pas social, C'est quoi alors ? Vous pouvez me le dire ?

FRANÇOISE : *Primo*, ça concerne la malade. *Deuxio*, je ne fais qu'un remplacement dans votre service. J'ai le mien à charge en permanence, il est tout de même prioritaire. *Tertio*, je suis seule de mon métier pour plusieurs équipes et je dois organiser mon travail. C'est comme au confessionnal : chacun son tour. Je ne peux pas tout laisser tomber comme ça... les rendez-vous en plus !... Sur une demande soit disant d'urgence... Je ne vois pas où est l'urgence, vous croyez n'avoir qu'à claquer vos doigts pour que ça marche ? Demandez plutôt à l'externe d'y aller, puisque la décision est exclusivement médicale !

Mme ARICAULT : L'externe a autre chose à faire qu'à aller chercher les affaires d'une malade. C'est le rôle de l'assistante sociale, c'est tout ! Pas celui de l'externe !

FRANÇOISE : Moi aussi je vous répète que j'ai autre chose à faire !

Mme ARICAULT : Heureusement que Nicole que vous remplacez pose moins de problème que vous. Elle y va, elle, quand on lui demande, sans faire un tel tintouin. Vous, vous avez appris à dire non. Je vais appeler votre chef et lui dire que vous refusez d'aider une malade !

FRANÇOISE : Eh bien vous n'avez qu'à appeler ma responsable ! Elle sera ravie de vous répondre et vous ne pourrez que l'entendre. J'y gagnerai pour l'avenir, vous me rendez service ! *(Et elle raccroche le combiné du téléphone. Immédiatement, elle compose nerveusement un numéro.)*

FRANÇOISE : Allô ? madame Cerise ? C'est moi, Françoise. Vous allez être appelée par Mme Aricault, la surveillante de psychiatrie où je fais le remplacement. Quel fayot celle-là ! Elle me demande d'aller cet après-midi en urgence chercher les affaires d'une malade qui sort demain, alors que j'ai plein de rendez-vous. Elle vient de m'appeler pour cet après-midi, il est une heure passée... Vous vous rendez compte ?

Mme CERISE : La malade ne peut pas y aller elle-même ?

FRANÇOISE : Non, apparemment elle n'a pas l'autorisation des médecins puisqu'elle sera convoyée demain matin par l'externe jusqu'à chez elle, en Angleterre.

Mme CERISE : Elle est seule, elle n'a pas de famille, d'entourage ?

FRANÇOISE : Non je ne crois pas, en fait je n'en sais rien ! Je ne l'ai même pas vue. Ce matin quand je suis allée faire un tour dans le service, Mme Aricault ne m'a rien signalé. Elle pouvait s'en douter, non ? Elle connaît ses malades tout de même ! Et là, à une heure de l'après-midi, elle me tombe dessus en urgence ! Elle commence à me courir sur le haricot, celle-là !... C'est plus qu'un fayot, c'est un cassoulet complet ! *(Les rires fusent de part et d'autre.)*

Mme CERISE : Attendez ! Vous n'allez pas démarrer pour quelques queues de cerises ! *(Rires partagés.)* Pourquoi ne pas proposer que l'externe passe demain matin en raccompagnant la malade chercher ses affaires ? Ce serait plus simple !

FRANÇOISE : Vous allez être appelée par la surveillante. Elle est furieuse de me voir résister. Si vous lui proposez cette solution, l'acceptera-t-elle ?

Mme CERISE : Déjà vous pouvez lui en parler, vous ! N'oubliez pas que la malade n'y est pour rien... Imaginez qu'elle ne m'appelle pas ?

FRANÇOISE : Je ne sais pas si je vais l'appeler ? Je lui ai déjà proposé d'envoyer l'externe et elle m'a répondu que ce n'est pas son rôle. Ce n'est pas la première fois qu'elle est confrontée à ce genre de problème... Elle est capable de le régler !... Entre nous... si j'ai refusé, c'est parce qu'elle m'a dit d'annuler mes rendez-vous. Elle me marche sur les plates-bandes... Elle n'a pas à me donner des ordres, je ne le supporte pas. Ce n'est pas elle ma chef ! Elle me prend pour une bonne à tout faire... En plus, elle me menace de fayoter ! D'ailleurs que je sache, je n'ai pas le droit d'aller comme ça chez les gens, même chercher leurs affaires, à moins qu'ils nous le demandent. Je ne vais pas risquer de transgresser la règle pour avoir la paix ? Le sommet, c'est que je n'ai même pas vu la malade !

Mme CERISE : C'est exact, vous n'avez pas à aller chercher les affaires de quelqu'un s'il ne vous le demande pas, et encore moins sans son avis, d'aller seule à son domicile s'il n'y a personne et sans l'accord du juge ! Le domicile est privé, des lois existent pour le protéger de la violation. Vous avez raison, il est évident qu'il faut rester clair avec ce genre de démarche. Là, en l'occurrence, le domicile est un domicile de passage, mais il y a tout de même ses affaires personnelles, peut-être des papiers ou bien de l'argent placés au coffre ? On n'en sait rien après tout.

FRANÇOISE : C'est toujours comme ça quand on fait les remplacements. On leur rend service et ils abusent. Elle a eu beau jeu de me dire que Nicole que je remplace fait toujours ce qu'elle lui demande... Je n'y crois pas. C'est facile de jouer la comparaison quand on est à bout d'argument, au risque de mettre la zizanie... Et puis Nicole est à plein temps dans le service. Elle connaît les malades. Elle peut juger et réagir autrement. Elle est habituée au fonctionnement de son service. Ça m'étonnerait qu'on lui fasse faire quelque chose en urgence... Ils en profitent, ils nous feraient faire n'importe quoi si on les écoutait !

Mme CERISE : L'absence de l'assistante sociale dans l'équipe peut la déstabiliser dans les prises de décision pour les malades. Elle sert d'intermédiaire et d'interprète autant pour l'équipe que pour le malade. Une remplaçante ne peut évidemment pas occuper la même place qu'une permanente. Lorsque l'équipe s'aperçoit de son absence et butte contre cet obstacle, elle évalue bien la place de l'assistante sociale dans le partenariat et elle l'estime. Son concours est efficace pour la prise de décision. Si l'équipe existe, c'est grâce à la contribution de chacun des différents métiers. A propos, il s'agit bien de Mme Quick ? Elle a fait fort... Plus fort qu'un couic, c'est un véritable couac ! *(Les rires fusent de part et d'autre.)* Ce thème a sa place dans l'ordre du jour d'une réunion prochaine. Il est utile de parler des pratiques qui ne donnent pas de satisfaction, des limites du partenariat, des enjeux des métiers et plus encore de la place du malade dans l'histoire... de ses intérêts... Chacun peut les appréhender différemment, intervenir autrement... Il est difficile d'homogénéiser les pratiques... En attendant, vous avez bien fait de me prévenir.

FRANÇOISE : Parfois, les surveillantes nous prennent pour des boniches, excusez-moi l'expression. Certaines se débarrassent facilement sur nous. Elles sont capables de prendre des décisions pour les autres et à leur place, sans aucune gêne. Celles-là se croient tout autorisé. Elles n'hésitent pas. Quand elles buttent sur un obstacle, alors qu'elles se sont engagées dans une action qui ne relève pas de leur ressort, elles lâchent prise et elles appellent l'assistante sociale au secours. Généralement elles aiment bien faire du social, comme elles disent... On joue à la surveillante, nous ? L'assistante sociale n'est pas un pompier qui éteint l'incendie allumé par un pyromane !... *(Rires partagés.)* On en parle entre nous, vous savez. Les collègues pourront en parler ouvertement, apporter leurs témoignages...

Mme CERISE : Il faut essayer de faire la part des choses. Il est vrai que travaillant dans l'humain, tout est social forcément... Notre désignation : assistante sociale peut porter à confusion, nous ne détenons pas le monopole du social, loin s'en faut... Mais notre métier nous distingue dans l'organisation sociale du fait de notre mission de service public et de notre savoir quelque peu éclectique : législatif, juridique, sociologique, anthropologique, économique, et j'en passe... C'est ainsi que l'assistante sociale doit se présenter, ses atouts la protègent et elle peut combattre professionnellement, sans crainte. Elle n'est pas vulnérable sauf si elle manque de conviction dans sa spécificité. Elle ne risque pas de trouver des concurrences ni chez les soignants, ni chez les médecins, excepté chez ses propres confrères et consœurs !... *(Rires partagés.)* Non, vous ne croyez pas ?

FRANÇOISE : Sans doute, je supporte mal les « canada dry » ! Ça ressemble à, c'est tout comme, c'est presque pareil ! Ne vous fiez pas aux bonnes volontés... Si l'idée au départ est altruiste : on veut bien faire... rendre service... et l'action qui en découle menace d'aller à l'encontre du bénéficiaire. On passe outre sa volonté... on agit pour lui... on lui fait des promesses excessives qu'on ne tient pas évidemment... Enfin, il y a comme une manipulation qui ne peut s'exercer qu'à cause de la vulnérabilité. La porte d'entrée, c'est la vulnérabilité !... Quand l'individu peut se défendre, il ne suscite pas ce genre de compassion... Qui s'y frotte s'y pique !... C'est à croire que l'humain est le plus grand prédateur... Il guette sa victime et hop, il la saute pour la dévorer ! Même à l'hôpital si c'est pas malheureux ?... *(Eclats de rires.)*

Mme CERISE : Ah ! je vous reconnais bien là, Françoise, toujours aussi excessive... Quelque peu exaltée ! Il est vrai qu'en travaillant à l'hôpital, on a tendance à s'attendre à plus de prudence de la part des professionnels de santé. Mais ils n'en sont pas moins des êtres humains, avec leurs capacités mais aussi leurs limites ! Comme partout... Chaque arbre a son ombre, comme on dit...

FRANÇOISE : Excusez-moi, je me défoule un peu... Vous sous-entendez que je suis trop exigeante ?... C'est vrai que je suis idéaliste. J'ai tendance à me faire des illusions, j'attends toujours mieux, je crois, j'espère... Enfin, je rêve !

Mme CERISE : Le rêve est essentiel pour exercer notre métier, mais nous pouvons nous passer des illusions, bien que nous aimions quelquefois refaire le monde... *(Rires partagés.)* N'oubliez pas de proposer à la surveillante d'envoyer demain matin l'externe avec sa malade chercher directement les affaires en partant. A mon avis, je ne crois pas que la surveillante m'appellera. Dans le cas contraire, je lui proposerai cette formule.

FRANÇOISE : Ah ! C'est dur de remplacer ! D'accord, entendu. Merci beaucoup madame. Bonne journée.

N° 2 : SE RENFORCER / MOBILISER

Mme ATOUT : Bonjour monsieur Garrau. La présence de votre voisin de chambre risque-t-elle de vous déranger pendant notre entrevue ?

M. GARRAU : Non madame. Vous savez, on arrive à se parler. Les journées sont longues... ni l'un ni l'autre n'avons de visite. Alors, vous comprenez, on passe le temps comme on peut... *(M. Garrau se tourne vers son voisin et le questionne en souriant : « Hein ? » Le voisin acquiesce d'un signe de la tête et sourit tristement.)*

La chambre est relativement étroite pour contenir deux lits. La chaise visiteur est coincée entre le lit et le mur. M. Garrau est allongé sur le lit. Un grand pansement protège son pied. Mme Atout s'assied sur le bord du lit. Les conciliabules plutôt chuchotés se terminent.

Mme ATOUT : Au revoir monsieur Garrau. Dès que j'ai une réponse, je vous la communique avec les coordonnées de la maison de santé. Bonne journée. *(Le voisin de chambre se lève et suit Mme Atout dans le couloir. Il la hèle : « Excusez-moi, je sais que les médecins ne vous ont pas parlé de moi. Je souhaiterais vous rencontrer... »)*

Mme ATOUT : D'accord, je vous verrai demain aux environs de 11 heures. Ça vous va ? Vous n'avez pas d'examen à cette heure-là ?

Le malade : Non, je vous remercie. Je m'appelle Eric Rayon. Je compte sur vous. A demain madame.

Le lendemain, Mme Atout reçoit M. Rayon dans un box de consultation après lui avoir demandé (en présence de M. Garrau) : « Voulez-vous que nous discutions en dehors de la chambre ? » Et obtenu une réponse affirmative.

M. RAYON : Voilà. Je ne suis pas dans une situation désespérée mais j'ai besoin d'être aidé. Ici je peux plus facilement vous en parler. Je n'aurais pas pu le faire devant mon voisin. Je n'ai jamais fait appel à une assistante sociale. C'est la deuxième fois en deux ans que je suis hospitalisé dans ce service. J'ai des plaies aux orteils qui me gênent beaucoup pour marcher et qui ont du mal à cicatriser. Ma maladie est apparue au moment de mon divorce, il y a huit ans. J'en ai quarante-huit. Je me soigne quand j'en ai besoin et le régime pour moi, c'est plutôt du pipeau. Ma préoccupation c'est de me nourrir au moins une fois par jour sinon je suis au régime malgré moi...

Mme ATOUT : Vous ne prenez qu'un repas par jour ?

Eric RAYON : Non pas par choix mais par nécessité, faute de mieux. Je picole aussi un peu avec les copains, parfois de trop. Je sais que c'est mauvais, mais moi, ça m'aide à vivre. Heureusement que j'ai les copains, c'est eux qui me font profiter de leurs vêtements, ça m'évite des dépenses. Je n'en ai pas les moyens...Vous comprenez, sans ça comment faire ? Je serais tout crado...

La semaine prochaine, j'attends l'arrivée de Jeff qui a onze ans, dont j'ai la garde pour quinze jours de vacances. Je ne sais pas où le loger d'autant qu'actuellement j'héberge ma fille Mado, elle a vingt ans, elle dort habituellement dans la rue ou dans le métro. Elle occupe mon lit et moi je dors par terre, à même le sol. Je suis très attaché à Mado qui a toujours été rejetée par sa mère, depuis sa naissance, elle a toujours eu des problèmes... Moi, je l'ai toujours protégée. Je continuerai tant que je le pourrai... J'aime mes enfants... Je ne leur ai pas donné ce que j'espérais, pas plus que ce qu'ils auraient pu espérer...

J'habite une chambre de bonne, avec ascenseur, dans le XIVe. J'ai en tout dix mètres carrés avec une douche et un lavabo. Les w-c sont sur le palier. Je paie à peu près 2 000 F par mois. Je n'ai pas de réfrigérateur ni de plaque chauffante. Mais ça ne me manque pas trop. Je m'en accommode.

Je me suis acheté un cuit-riz pour préparer un minimum à manger quand je rentre le soir. Ce n'est pas ce qui me tracasse. Ce qui me gêne, c'est comment je vais faire pour accueillir mes enfants ? J'ai besoin de les recevoir, ils aussi ont besoin de voir leur père et de continuer à partager quelques moments entre nous... En plus, je n'ai plus d'argent devant moi, plus rien !

Mme A<small>TOUT</small> : Vous n'avez plus d'argent ? Vous travaillez ?

Eric R<small>AYON</small> : Oui, je travaille. J'ai retrouvé un emploi de voyageur de commerce. Je marche beaucoup, plus de dix bornes par jour. Comme je ne suis pas toujours bien chaussé, je m'abîme les orteils à cause du frottement. Mais vous comprenez, pour mon job, je ne peux pas me mettre en tennis. Des tennis avec le complet veston... ça ne va pas ensemble ! Pour que mon commerce marche, je dois être bien mis. *(Sourire.)*

Mme A<small>TOUT</small> : Dans l'ensemble ça marche ?

Eric R<small>AYON</small> : Ouais, mis à part que j'ai deux employeurs, un à Paris et l'autre à Besançon. Chacun me paye environ 4 000 F par mois, mais comme je suis interdit bancaire, celui de Besançon me verse mon salaire sur un vieux livret de caisse d'épargne. Chaque mois je demande une avance à Paris, que je rembourse ensuite. J'arrive à peu près à 7 000 F nets. Pour mon travail, je n'ai pas de voiture et j'utilise les transports en commun. Je marche plus de dix kilomètres par jour. Comme je suis mal chaussé j'ai des plaies qui ne cicatrisent pas... Je ne sais pas comment je vais faire ?

Mme A<small>TOUT</small> : Vos copains ou votre famille peuvent vous dépanner ?

Eric R<small>AYON</small> : Ils en ont assez. Ma mère a quatre-vingt-deux ans. Mon père est mort. Elle est entrée dans une résidence coûteuse en province. Elle m'envoie parfois un colis et un billet. Ma sœur aussi me glisse un billet de temps en temps. Chacun a sa vie et ses obligations. J'ai dégringolé rapidement il faut dire. J'ai déménagé sept fois en sept ans après avoir erré dans la rue, dans le métro ou dans les petits hôtels...

Mme A<small>TOUT</small> : Vous manquez de chaussures adaptées pour votre sortie, après-demain, c'est ça ?

Eric R<small>AYON</small> : Je ne sais pas comment je vais pouvoir reprendre mon travail sans chaussures ! Et puis je n'ai pas d'avance devant moi... Ça n'a pas toujours été comme ça vous savez ? Avant mon divorce, j'étais journaliste, il y a encore dix ans je me faisais plus de 250 000 F par an... sans compter le salaire de ma femme.!... Nous avons contracté quelques crédits pour bien vivre comme tout un chacun ! On ne s'attendait pas à ne pas pouvoir les rembourser... Et puis, on n'y est plus arrivé. On s'est de moins en moins bien entendus pour en arriver au divorce... Dans ma galère, j'avais besoin de bosser pour m'occuper l'esprit. J'avais été licencié de mon poste mais j'étais prêt à prendre ce que je trouvais. Dès que mon ex savait que je ramenais du fric, elle me faisait mettre le grappin dessus pour payer la pension alimentaire. J'étais toujours en fuite... J'étais paumé ! Heureusement que je pensais souvent à mes enfants...

Mme ATOUT : Je voudrais vous suggérer trois points. Tout d'abord, notre équipe sociale s'est mobilisée pour créer une association sur l'hôpital pour pouvoir rapidement apporter ce qu'on appelle un coup de pouce, comme celui que donnerait la famille. Je crois que pour vous, l'urgence c'est de vous acheter des chaussures adaptées. Ensuite, il me semble que vous saurez vous organiser pour recevoir vos enfants. Si vous avez besoin d'être dépanné, vous pouvez contacter directement le centre d'action sociale qui est à la mairie de votre arrondissement. Enfin, vous pouvez demander une allocation auprès de la caisse d'allocations familiales pour vous aider à payer le loyer.

Si vous êtes d'accord, je reviens vous voir demain pour vous remettre tout cela par écrit avec le coup de pouce. Ça nous laisse le temps comme vous sortez après-demain... *(Sourires entendus.)*

Eric RAYON : Je suis désolé de m'être laissé aller à vous raconter mes difficultés. C'est très personnel, même privé *(sourire)*. Vous m'avez écouté très attentivement. Je ne sais comment vous témoigner... Merci madame. A demain.

Mme Atout entre dans le bureau de sa collègue, Virginie.

Mme ATOUT : Je te remercie de débloquer rapidement 500 F sur l'association. Tu comprends, je n'ai pas pu faire autrement pour ce malade. C'est un type jeune qui a besoin de bosser. Et pour ça, il lui faut des bonnes chaussures, autrement il met sa santé en danger. Je crois qu'il dénie sa maladie, ce n'est certainement pas facile pour lui d'accepter toutes les contraintes...

Virginie : Ah ! pas d'état d'âme ! Tu as joué la carte de la prévention, tu as bien fait. Mais imagine qu'il t'ait bluffé et qu'il n'utilise pas l'argent pour acheter ses pompes ?

Mme Atout : Que veux-tu, sans un minimum de confiance, on peut aller se rhabiller... On n'a aucun moyen de vérifier, et est-ce vraiment utile ? A l'hôpital, on travaille très vite, on suggère, on propose des réponses, sans avoir ou se donner le temps... L'hospitalisation est rythmée par la sortie. Les malades entrent et sortent pratiquement comme dans un hall de gare... N'étant pas soignant, on est la cerise sur le gâteau, la valeur ajoutée pour aborder le retour à la socialisation, le retour aux sources quittées la veille !

Le lendemain matin, Mme Atout entre dans la chambre, le voisin est absent.

Mme Atout : Bonjour monsieur Rayon. Elle lui tend la main.

Eric Rayon : Bonjour madame. Le médecin m'a annoncé ma sortie pour cet après-midi, après le déjeuner. Je suis content de sortir de l'hôpital. C'est déprimant ici. On aurait presque l'impression d'être malade !

(Mme Atout tend une enveloppe à Eric Rayon qu'il saisit et découvre cinq billets de 100 F.)

Mme Atout : Voilà, notre association professionnelle renforcée dans son objectif d'apporter une aide rapide s'est mobilisée. Elle vous remet la somme de 500 F pour que vous vous achetiez votre outil de travail... *(rires)*, des chaussures adaptées qui vous permettront de continuer à gagner votre vie. Je vais vous demander de signer ce reçu en échange. *(Eric Rayon signe au bas de la feuille et la tend.)*

Eric Rayon : Je ne sais comment vous remercier... En tout cas, je suis étonné et surpris que vous puissiez m'aider ! Enfin que votre association soit aussi efficace... Je vous assure que la première chose que j'achète c'est mon outil de travail. *(Rires échangés.)* Je suis dans une situation qui me casse les pieds... *(Rires échangés.)*

Mme Atout : Voici les coordonnées du centre d'action sociale du XIVe et de la CAF où vous pouvez déposer un dossier de demande d'allocation logement. Je vous souhaite bonne chance.

Eric Rayon : Je vais devoir revenir à la consultation, pourrais-je demander de vous revoir ?

Mme Atout : Je remplace ma collègue dans le service de diabétologie. Vous pourrez la rencontrer si vous le souhaitez. Au revoir, rentrez bien.

Eric Rayon : Merci encore, merci pour tout. Je vais faire les démarches que vous m'avez suggérées. Le médecin insiste pour que je me fasse suivre. Encore merci. Au revoir madame.

N° 3 : ASSURER SES BASES / PROMOUVOIR

L'assistante sociale, Mme Bippe, travaille dans son bureau, on frappe.

Mme Bippe : Entrez.

L'homme : Bonjour madame, je viens mesurer votre bureau que votre chef de service, M. Meltou, veut récupérer pour y entreposer du « matériel momentanément hors d'usage ».

Mme Bippe : Ah bon, je ne suis pas au courant. La récupération est devenue une priorité de l'hôpital ? Première nouvelle ! Et moi ? Je fais partie du matériel usager ?

L'homme : Moi, j'exécute, je n'ai pas plus d'informations, voyez avec votre responsable ou le chef de service, le professeur Meltou. *(Silence, agacement, Mme Bippe réfléchit puis compose un numéro de téléphone. Elle appelle sa responsable Mme Palacio.)*

Mme Palacio : Allô, bonjour, comment vas-tu ?

Mme Bippe : C'est plutôt la déroute, je suis exaspérée, je viens de recevoir une douche en apprenant que j'allais bientôt devenir « matériel usagé » à vingt-six ans, c'est un peu dur !...

Mme Palacio : Comment cela, qu'est-ce que c'est que cette histoire ?

Mme Bippe : Tu n'es pas au courant ? Le professeur Meltou m'expulse du bureau pour en faire une réserve. Je vais travailler comment ? C'est bien beau un bip, mais ce n'est pas un outil suffisant pour faire du service social et le statut de SBF [sans bureau fixe] ne me réjouit pas !...

Mme PALACIO : As-tu d'autres bonnes nouvelles, comme celle-ci, à m'annoncer ? Sinon je vais prendre rendez-vous avec le professeur Meltou.

Mme BIPPE : Bon courage car le professeur Meltou ne saisit pas l'utilité pour le service social d'avoir un bureau personnel. L'accueil, l'intimité des entretiens, le secret professionnel semblent le frapper de surdité soudaine... Son nom peut être le prédispose à mélanger assistantes sociales, psychologues, diététiciennes, orthophonistes, secrétaires, etc. Tout ce monde dans un même bureau « fourre-tout ». L'essentiel étant pour lui d'avoir son propre bureau spacieux, et son secrétariat juxtaposé...

Mme PALACIO : Merci de l'encouragement ! La tache semble rude ! (*Silence avec sous-entendus [grincements de dents, ricanements]. Mme Palacio prend rendez-vous avec le professeur Meltou.*)

Pr. MELTOU : Bonjour madame Palacio, que me vaut l'honneur de votre visite ? Vous savez, je suis très satisfait du travail de « mon » assistante sociale. J'apprécie son efficacité et les patients la trouvent très chaleureuse.

Mme PALACIO : Heureuse de vous l'entendre dire mais de ce fait, je ne comprends pas très bien votre attitude vis-à-vis d'elle en lui préférant du matériel usagé ?...

Pr. MELTOU : Comment cela ?

Mme PALACIO : Mais certainement, vous avez bien l'intention de lui prendre son bureau pour votre matériel momentanément hors d'usage. Donc pour moi, la considération que vous avez pour elle ne semble pas être celle que vous prétendez.

Pr. MELTOU : Certes, je prends le bureau, mais je n'y vois aucun inconvénient car Mme Bippe, avec ce que je lui propose, pourra améliorer ses relations avec les différents partenaires en partageant un même local.

Mme PALACIO : Vous semblez ignorer que les missions du service social exigent certaines conditions de travail, dont un local privé, isolé, avec une ligne téléphonique, ceci permettant de recevoir confidentiellement les familles et les patients.

Pr. MELTOU : Un local commun et un bip sont suffisants pour le fonctionnement de l'assistante sociale et, de toute façon, j'ai besoin de ce local.

Mme Palacio : Vraiment, c'est votre point de vue ? Et si le mien était : pas de bureau, pas de service social ?

Le professeur Meltou lève les bras au ciel : Du chantage ! Mais les patients, vous y pensez ?

Mme Palacio : Justement, je ne pense qu'à eux et à la qualité du service offert. Puisque cela vous indiffère, je vais en référer à M. Cabana ! Au revoir monsieur. *(Silence, froideur ; froide politesse.)*

Mme Palacio prend rendez-vous auprès du directeur, M. Cabana.

Mme Palacio : Allô, bonjour mademoiselle Cézamme, je souhaite rencontrer très rapidement M. Cabana.

Mlle Cezamme : Holà, Holà, son carnet de bal est archicomble !

Mme Palacio : C'est le parcours du combattant dans cet hôpital !

Mlle Cezamme : C'est à quel sujet ? Je vais lui en parler, on pourra peut être vous glisser entre deux, rappelez-moi dans trois ou quatre jours. *(Soupirs...)*

Trois jours après, Mme Palacio se rend au bureau du secrétariat de direction.

Mme Palacio : Bonjour mademoiselle Cézamme, je viens chercher mon rendez-vous.

Mlle Cezamme : J'ai réussi à vous caser vendredi en huit à dix-huit heures. Vous n'êtes pas considérée comme une priorité.

Mme Palacio repart furieuse, marmonnant : « Une boule antistress me serait bien utile ! »

Huit jours plus tard à dix-huit heures, le vendredi soir :

Mme Palacio : Bonjour monsieur le Directeur. Ras-le-bol d'être la responsable d'ASSBF, la précarité et l'exclusion, nous connaissons !... Encore une fois un chef de service joue de son pouvoir pour rendre une des assistantes sociales de l'équipe SBF.

Bientôt, elles circuleront en rollers, sac à dos, bip et portable... C'est une façon de voir les choses, moderne certes, cela résoudrait la crise des bureaux et des finances peut-être, mais que devient l'accueil de l'usager et la qualité du travail dont on nous « serine » les oreilles ? *(Rires contraints.)*

M. Cabana : Cette modernité m'inspire mais je me rends compte qu'elle est trop futuriste et qu'elle ne permettra pas de répondre à vos missions. Mais rappelez-vous votre assistant social, M. Manouche, qui a déménagé à huit reprises en deux ans...

Mme Palacio : Ravie de votre réponse, mais cela ne résout pas notre problème actuel, que pouvez-vous me proposer ?

M. Cabana : Je vais en parler avec la direction des travaux et voyez M. Sauveur de ma part.

Mme Palacio : Au revoir monsieur. *(Porte fermée. Soupire, se dit quelle énergie dépensée pour un bureau [pugnace, tenace]. Elle prend un énième rendez-vous avec M. Sauveur.)*

M. Sauveur : M. le directeur m'a informé de votre problème. Je n'ai pas le pouvoir de faire changer d'avis un chef de service mais comme mon nom m'y prédispose, j'ai peut-être votre solution. Venez avec moi, je vais vous montrer un local.

Mme Palacio : D'accord, je vous suis. Je ne demande pour l'assistante sociale, ni un palace, ni un cabanon, mais un bureau stable, clair et spacieux. ras le bol du SBF !... Un travail correct et encore moins des projets de service social ne peuvent se construire dans des déménagements permanents... *(Sourires.)*

M. Sauveur présente un local correct, acceptable mais ayant l'inconvénient d'être éloigné du service du professeur Meltou.

Mme Palacio : Ah ! Vous êtes bien mon sauveur, je commençais à désespérer, quel parcours du combattant !... Ces problèmes de locaux réitérés m'exaspèrent ! Ne pourrait-il y avoir un jour une réflexion globale concernant les locaux du service social ? J'ai l'impression d'y perdre mon temps et mon énergie... Enfin, je vous remercie, vous avez été très diligent.

Mme Palacio rappelle Mme Bippe.

Mme Palacio : Ouf ! Un mois de galère qui achève ton exclusion. Je pense que tu seras agréablement surprise car finalement, tu seras bien mieux nichée et, de plus, cela te permettra de prendre de la distance par rapport au service. Peut-être comprendront-ils enfin la différence entre codisciplinarité et soupe moulinée ?...

Mme BIPPE : Enfin, j'ai eu peur, tu me sors de la catégorie « matériel usagé ». J'étais râpée, prête à être recyclée ! Vive l'écologie mais en dehors du travail ! Je te remercie. Certes, cela n'a pas été facile mais ne pas baisser les bras permet de faire reconnaître la singularité du service social et de garantir les prestations au malade et à son entourage. *(Soupirs de contentement et de complicité de part et d'autre.)*

N° 4 : REGULER LES RELATIONS INTERNES ET EXTERNES / DEVELOPPER

Mme Bonasse organise une réunion d'équipe d'assistantes sociales pour informer du bilan du service social de l'année passée et des objectifs qui doivent s'inscrire pour l'année prochaine.

Madeleine BONASSE : Parmi les objectifs de l'AP-HP pour l'année prochaine qui visent l'évaluation de la qualité et l'information donnée aux patients et à leur famille, comment voyez-vous l'inscription du service social dans cette démarche et quels projets pourrions-nous proposer ? *(Silence, on entend les mouches voler.)*

Stella LUNAIRE : Je débarque sûrement, pour moi l'essentiel du travail, c'est déjà la qualité de l'accueil et l'information du patient et des siens. Il faut peut-être que je décolle pour comprendre le sens de votre question ?

Amédée Pile se redresse et prend la parole avec vivacité : Je suis d'accord avec toi, mais tous les ans on nous demande des projets extraordinaires alors que c'est notre quotidien, je me demande pourquoi on se tracasse et on en parle en réunion ?

Madeleine Bonasse répond sur un ton fataliste : D'accord, d'accord ! Mais les projets font partie de notre rapport d'activité. On ne peut donc pas y échapper !

Adèle MOLITION : Un rapport, un rapport, certes, mais qui s'occupe des patients pendant ce temps-là quand on sait le temps que cela nous prend alors qu'ils sont rarement lus !

Zita PERPLEXE : Ouais c'est bien vrai mais je reste perplexe. Comment exprimer la qualité en deux ou trois lignes ? Et quelle en est l'utilité ?

Maya CASTOR : A quoi ça sert de tourner autour du pot, de toute façon le rapport d'activité, il faut le faire. Nous sommes toutes là, nous pouvons constituer des groupes de travail pour réfléchir sur l'utilité d'un livret d'accueil ou sur des fiches d'information, ou encore sur l'élaboration des procédures d'intervention du service social. Il peut y avoir des tas de choses y compris dans le partenariat avec les frais de séjour par exemple...

Micheline TIGEVET : Ben dis donc, t'en as des idées mais on n'a pas de temps à perdre pour constituer les groupes.

Madeleine BONASSE : Alors quelles sont les partantes ? *(Silence à nouveau, bruits de chaises, la moitié de la réunion se lève et se dirige vers la sortie.)*

Madeleine BONASSE : Que se passe-t-il ? Revenez vous asseoir, la réunion n'est pas terminée. Vous ne manquez pas d'humour ! Assez de fuite et travaillons !

Olive BAUDRUCHE : Oui, mettons-nous à l'œuvre ! Moi je m'inscris dans le livret d'accueil. Qui veut s'inscrire sur ce thème ? *(cinq personnes s'inscrivent).*

Elisabeth TRUELLE : Pour moi le partenariat ça fait ciment, ça me convient ! Ma truelle me permettra peut-être de donner des formes à la relation... *(Eclats de rires.)*

Thérèse COMETE : Puisqu'il faut tirer des plans sur la comète, allons-y ! Je veux bien animer un groupe.

Madeleine BONASSE : Vous traînez les pieds, mais on avance quand même. La prochaine réunion aura lieu dans quinze jours avec le compte rendu du travail de chaque groupe. Maintenant vous pouvez partir ! *(Rires.)*

DEUXIÈME RÉUNION

Madeleine BONASSE : Inutile de vous représenter le pourquoi de la réunion. Où en êtes-vous ? *(Silence, chacun regarde son voisin et sa voisine, se demandant qui va ouvrir le feu.)*

Olive BAUDRUCHE : J'ai tellement de travail que je n'ai même pas eu le temps d'y penser ! Il y a quinze jours, j'étais vraiment partante mais en y réfléchissant bien, j'ai l'impression que cela me sera difficile et je préfère pratiquer la qualité plutôt que de perdre mon temps à l'écrire !

Madeleine BONASSE : L'idée du livret d'accueil n'est pourtant pas mauvaise mais vous, comme d'habitude, vous vous dégonflez lorsqu'il s'agit de remettre un écrit !

Olive BAUDRUCHE : Pfeu... *(Elle marmonne en haussant les épaules.)* Qu'est-ce qu'il ne faut pas entendre !

Elisabeth TRUELLE : C'est pas évident, hein ! On s'est réunis une fois, on a pris contact avec le service et ce n'est pas simple de faire ciment. Je n'ai pas trouvé le bon liant mais je ne désespère pas. On doit se revoir. Les rendez-vous sont pris.

Madeleine BONASSE : C'est bien, Paris ne s'est pas construit en un jour, alors il ne faut pas désespérer ! Et vous Thérèse Comète, vous atterrissez ? *(Rires.)*

Thérèse COMETE : Si vous commencez comme ça, j'allume mes fusées !

Madeleine BONASSE : Attendez ! Attendez ! Ne soyez pas si susceptible ! Je plaisante ! Alors ?

Thérèse COMETE : Bon, ça va, je vais en parler. Pour une étoile filante comme moi, attirer des électrons libres pour constituer un groupe ne va pas de soi et s'oppose à la nature ! J'ai dépensé beaucoup d'énergie, du coup j'ai perdu une partie de mon pouvoir d'attraction... De ce fait, nous n'avons pas avancé. Mais je vais en reparler avec Amédée Pile, avec Louise Ficelle et avec Manou Ragan. Et on va s'y mettre.

Madeleine BONASSE : Avec de tels éléments ça doit filer ! Mais n'oubliez pas la remise de la copie est obligatoire ! *(Hochements de têtes, chaises qui bougent, stylos qui battent la mesure, apartés entre les uns et les autres.)*

Madeleine BONASSE : Comme je n'entends pas de réponse, je présume que tout le monde est d'accord bien que le bruit de fond suppose une résistance... Mais comme je suis dure de la feuille, vous ne pourrez pas vous y soustraire. *(Elle sourit.)* Rendez-vous dans quinze jours et même ordre du jour.

TROISIÈME RÉUNION

Madeleine BONASSE *(souriant)* : Alors, comme convenu, je ramasse les copies ?

Stella LUNAIRE : Quelle copie ? Je me suis trompée d'amphi ? On est en cours ici ?

Thérèse COMETE : C'est devenu de la télépathie supersonique les réunions ?

Olive BAUDRUCHE : Comme on dit en restant terre-à-terre : on bat le fer tant qu'il est chaud, après il refroidit et c'est plus du tout pareil... *(Rires.)*

Madeleine BONASSE : Si vous soutenez que tout est parfait pour l'accueil et l'information des malades et de leurs familles, vous m'en voyez ravie ! Tout va pour le mieux dans le meilleur des mondes ! Je me demande alors pourquoi vous êtes là en tant qu'assistantes sociales ? Puisque ça tourne, je peux commencer à restituer des postes à la direction qui ne demande pas mieux !... *(Grand brouhaha.)*

Amédée PILE : Mais pas du tout ! D'accord chacune intervient au quotidien dans son service, vous comprenez ? On est dans l'action jusqu'au cou et on reçoit la pression de tout le monde, continuellement, des malades, des familles, du service... Tout le monde nous demande toujours quelque chose, même vous... ! C'est épuisant à la fin !

Zita PERPLEXE : Parler de l'impact des différentes pressions et surtout de la gestion du temps semblerait certainement trop éloigné de l'action pleine et entière à apporter au service du malade et de son entourage ?

Madeleine BONASSE : Ce que vous dites est intéressant, vous abordez les conditions de travail. Ce thème est traité dans le cadre de la formation continue mais ici, il est hors sujet !

Adèle MOLITION : Quand on parle, on est hors sujet ! On n'en peut plus d'encaisser, d'absorber et de soutenir tout et n'importe quoi... Le comble, c'est qu'on doive la boucler !

Madeleine BONASSE : Je n'ai pas dit ça ! Les conditions de travail constituent dans notre profession un énorme chantier en friche... Nous ne sommes pas en capacité d'organiser les conditions d'évolution de formation et de carrière contrairement aux autres catégories de personnel hospitalier notamment les soignants... Nous attendons toujours des autres qu'ils s'occupent de nous... C'est l'histoire du cordonnier mal chaussé ! *(Hochements de têtes et sourires forcés.)* Ici, notre sujet, c'est la qualité de la prestation proposée à l'usager et à sa famille. De quelle manière est-il envisageable d'améliorer ce qui nous semble dysfonctionner ? Qu'est-ce qui ne va pas ?

Elisabeth Truelle : J'ai une idée, c'est du béton !... *(Eclats de rires.)* Si on s'attelait au problème du vestiaire des malades ? Il ne reste dans mon placard que des chaussures d'homme de grande taille. Qui ferait l'échange contre quelques caleçons et maillots de corps de grande taille aussi ? *(Un ouais collectif retentit, suivit d'éclats de rires.)*

Zita Perplexe : Quand t'es pas là le week-end aux urgences, ou bien la nuit, qui s'en occupe ? Langue au chat ? Personne !

Micheline Tigevet : Voilà l'idée du siècle ! Ouvrir une boutique sociale, achalandée en vestiaire pour toutes les tailles !

Zita Perplexe : Pourquoi sociale ? En référence au gratis ou aux assistantes sociales ? Ça ne va pas encore nous retomber dessus !

Madeleine Bonasse : L'amorce me semble efficace *(riant)*, ça mord ! Allez, on vote ! Qui est contre ? *(Elle balaye son regard sur l'équipe en souriant.)* Eh bien, voilà ! Je crois qu'on tient un projet ! Chacun va pouvoir choisir son créneau, maintenant... J'ose espérer que ce projet collectif vous donnera une bouffée d'oxygène en vous changeant de l'intervention individuelle... Pendant que vous vous y attellerez, vous ne serez pas noyées dans cette satanée action chronophage... *(Rire collectif.)*

N° 5 : SE FONDRE / CHACUN SELON SES RESULTATS

Zoé Prudence marche dans le couloir aux côtés de sa responsable Paula Placebo.

Zoé Prudence : Je n'aurais pas dû vous confier mes ennuis. Maintenant que nous allons rencontrer le professeur Rodolphe Toubois et Jean Veillant, le cadre supérieur infirmier, j'ai peur...

Paula Placebo : Que craignez-vous ?

Zoé Prudence : Les représailles. Je suis là tous les jours, moi, dans le service et si ça va pas, c'est moi qui prends !

Pr. Rodolphe Toubois : Entrez, entrez mesdames. Jean Veillant est arrivé. Nous sommes tous à l'heure ! Voulez-vous un café ?

Paula P<small>LACEBO</small> : Je veux bien, merci.

Zoé P<small>RUDENCE</small> : Moi aussi.

Jean V<small>EILLANT</small> : Pas pour moi. J'en ai assez pris ce matin.

Pr. Rodolphe T<small>OUBOIS</small> : Alors que me vaut l'honneur de votre visite ?

Paula P<small>LACEBO</small> : Trois bonnes raisons m'ont conduite jusqu'à vous. Déjà pour me présenter, j'ai pris mon poste de responsable du service social tout récemment sur cet hôpital.

Pr. Rodolphe T<small>OUBOIS</small> : Ça tombe bien, nous avons un point commun, je viens moi-même d'être nommé à la tête du service de chirurgie.

Paula P<small>LACEBO</small> : Je souhaiterais savoir comment optimiser notre partenariat au niveau des orientations sanitaires des malades qui représentent une large part dans l'activité sociale. Environ dix pour cent des malades hospitalisés sont orientés vers des établissements de soins de suite et de réadaptation. *(Le professeur Toubois pose le plateau de tasses à café et sert le café dans les tasses qu'il présente à Paula Placebo et à Zoé Prudence.)*

Pr. Rodolphe T<small>OUBOIS</small> : Je vois que vous avez quelques chiffres en main, si vous pouviez me les communiquer, ils m'intéressent...

Zoé P<small>RUDENCE</small> : Mais monsieur, vous les avez, je vous les ai remis dans mon rapport d'activités !

Pr. Rodolphe T<small>OUBOIS</small> : C'est important de présenter les nouvelles perspectives des services, leur restructuration qui évolue sur plusieurs années.

Paula P<small>LACEBO</small> : Je vous propose aussi un nouvel outil. Il s'agit d'une fiche sociale dont la place deviendra obligatoire dans le dossier soins. Je l'ai présentée de façon claire. Elle est très simple à utiliser. Elle ne comporte que trois *items* et quelques sous items qui intéressent essentiellement les modes de sortie du malade.

Jean V<small>EILLANT</small> : Si je comprends bien, elle remplacera la fiche bleue que nous utilisons actuellement ?

Zoé P<small>RUDENCE</small> : Exactement, mais elle ne résoudra pas tous les problèmes !

Pr. Rodolphe T<small>OUBOIS</small> : Dans les perspectives de restructuration, nous conserverons la chirurgie du tronc. Le projet médical joue la carte de la cohérence, il permettra la connexion entre la médecine et la chirurgie. Nous poursuivons la mise en place d'un dispositif visant deux pôles essentiels celui de la proximité ainsi que celui de la spécialité.

Paula PLACEBO : Cette nouvelle orientation médicale aura une incidence inéluctable sur l'action sociale à mener dans votre service. Je suis ravie que vous m'en ayez informée.

Pr. Rodolphe TOUBOIS : Dans la démarche d'accréditation qui constitue un enjeu essentiel dans les mois et les années à venir, je verrais bien la fiche sociale intégrée dans le dispositif médical de préadmission. Je demanderais aux chirurgiens de la remplir systématiquement à la consultation avec le malade et sa famille, au même titre qu'une autre fiche médicale. C'est une excellente proposition qui rejoint notre mobilisation pour la mise en œuvre des indicateurs CIRES dont les thèmes entrent largement dans ceux qui sont retenus dans le manuel d'accréditation de l'ANAES[31].

Paula PLACEBO : En effet, elle pourra être utilisée comme un outil d'information pour le patient. Elle incitera le chirurgien à aborder la question des conditions de sortie après l'intervention chirurgicale. Le malade saura à quelle sauce il sera mangé... *(Rires.)*

Jean VEILLANT : Tu sais Rodolphe, si tu ne demandes pas à tes chirurgiens de ne pas attendre huit jours pour remplir les certificats médicaux ou bien d'avertir à temps l'assistante sociale pour qu'elle retarde une admission, ça ne bougera pas, je le crains...

Zoé PRUDENCE : Ah ça ! Je reste convaincue qu'il est plus important d'écouter les demandes des malades et des familles plutôt que celles de l'équipe. Certains malades peuvent être visités par leurs proches et ça joue sur leur moral et sur leur santé. Je ne peux pas forcément utiliser la même place pour deux malades dont la situation sociale et familiale est différente !

Pr. Rodolphe TOUBOIS : Je suis tout à fait d'accord avec toi ! Si les malades sont insérés socialement, inutile de les déstabiliser !

Zoé PRUDENCE : Pourtant, monsieur, c'est ce qu'on me demande de faire, quand un malade ne peut pas partir, c'est d'en faire partir un autre à sa place, au hasard !

---

[31] ANAES : Agence nationale d'accréditation des établissements sanitaires.

Paula Placebo : Avec la fiche sociale, vous pourrez communiquer à l'équipe les éléments prévisionnels dont vous disposez pour chaque malade, en particulier.

Jean Veillant : Il faut que tu la tiennes Zoé parce que les chirurgiens n'ont pas tes horaires de passage. Quand ils demandent quand et où le patient doit partir, ils exigent une réponse immédiate et précise.

Zoé Prudence : C'est ce que je fais et ça n'empêche pas les problèmes !

Paula Placebo : Nous parlons de problèmes qui ne sont pas représentatifs en nombre. Ils ne concernent qu'une marge insignifiante mais il est vrai qu'ils occupent de la place !... *(Rires.)*

Pr. Rodolphe Toubois : Si vous me permettez, j'achète ! Je vois un triple gain, au niveau de l'information médicale apportée au patient, pour la rapidité de démarrage de la recherche d'orientation sanitaire et, enfin, tout est écrit pour que l'information passe. C'est toute cette nouvelle culture de la qualité qu'il faut acquérir avec une méthodologie et des outils !

Zoé Prudence : On va pas me demander en plus d'aller chercher les fiches à la consultation ?

Pr. Rodolphe Toubois : Jean tu trouveras bien un acheminement possible, tu peux demander à la secrétaire hospitalière ?

Jean Veillant : Oui, je m'en charge. C'est une question d'organisation.

Pr. Rodolphe Toubois : Je suis ravi de vous avoir rencontrée. On avance... Je suis à votre entière disposition pour vous recevoir à nouveau madame Placebo, quand vous le voulez ! *(Le Pr. Rodolphe Toubois se lève pour les raccompagner à la porte.)*

Paula Placebo : J'avais un dernier point à aborder, celui des bureaux pour l'assistante sociale et pour sa secrétaire. Avez-vous des propositions ?

Pr. Rodolphe Toubois : Je ne sais plus... je me rappelle que le directeur avait proposé quelque chose. On en reparlera quand on aura de plus amples renseignements. Merci, à bientôt. *(Paula Placebo et Zoé Prudence quittent le bureau du professeur Rodolphe Toubois après s'être tous serré la main.)*

N° 6 : S'ENGAGER / PROMOUVOIR L'INITIATIVE

Mme Trouvaille, responsable du service social de l'hôpital entre dans le bureau de M. Malotru, directeur financier.
Mme TROUVAILLE : Bonjour monsieur Malotru. Comment allez-vous ?
M. MALOTRU : Bonjour. Asseyez-vous madame Trouvaille, nous avons à régler quelques détails. Qu'avez-vous trouvé de nouveau pour la mise en place des consultations sociales en odontologie ?
Mme TROUVAILLE : J'ai fait appel à mon staff, à M. Antoine, Mme Rita, Mme Espérance... Il semble que sous-traiter les consultations à des collègues extérieures ne puisse aboutir parce qu'elles sont inscrites, comme nous, dans des plans d'économie drastique d'effectif... Et faire venir consulter les usagers sur un autre site que celui sur lequel ils sont soignés semble hasardeux surtout pour la clientèle la plus touchée par les désavantages sociaux...
Mais nous avons eu une idée lumineuse que j'ai soumise à M. le directeur, M. Catgalon, en attendant notre rendez-vous. Il est favorable à cette proposition à condition qu'elle soit faisable. Il s'agit de récupérer 50 % du temps partiel sur les 100 % que restitue mon staff pour créer un poste à mi-temps...
M. MALOTRU *(haussant la voix)* : Mais la place est prise ! Vous êtes sous ma responsabilité et j'ai décidé d'affecter la récupération de tous les temps partiels de mon secteur aux services économiques et financiers. Je ne changerai pas d'avis, vous m'entendez *(baissant le ton)* ! Excusez-moi, je m'emporte parce que je tiens personnellement à ce fonctionnement.
Mme TROUVAILLE : Si je comprends bien, nous pouvons devenir des postes caméléons... *(Eclats de rire.)* Mais passons... La priorité est pour nous de disposer de munitions idoines pour répondre aux montages financiers liés aux soins hors nomenclature.
M. MALOTRU : Qu'entendez-vous par des munitions idoines ?
Mme TROUVAILLE : La réponse est évidente. On n'envoie pas un soldat au front sans munitions !

M. Malotru : Expliquez-vous ! Je n'ai pas l'esprit obtus, mais je ne comprends pas... *(Il hausse les épaules en marmonnant « Pfeu »...)*

Mme Trouvaille *(en riant)* : A vos souhaits ! Les principales difficultés rencontrées en odontologie ne relèvent pas de l'absence de couverture sociale mais de la difficulté de régler les frais occasionnés par les soins hors nomenclature. En clair, si le consultant a les droits ouverts à la sécurité sociale, s'il a une mutuelle ou la carte Paris-Santé, il n'a pas accès aux dépassements d'honoraires et aux actes thérapeutiques hors nomenclature. Même si les gens travaillent, ils sont confrontés au dilemme : s'assurer le gîte et le couvert ou se soigner ?

M. Malotru : Je vois ce que vous voulez dire, mais avec votre nom madame Trouvaille, pouvez-vous me dire à partir de quel seuil de pauvreté on peut se faire soigner ?

Mme Trouvaille : J'ai évalué de manière rigoureuse un dispositif financier qui s'élève à trois cents mille francs. Consciente que M. Catgalon n'accepterait pas de les mettre à disposition, dominant la leucosélophobie, j'ai écrit le projet pour prendre contact avec l'association humanitaire des Gueules cassées.

M. Malotru *(haussant le ton)* : Quoi ? Vous me mettez hors de moi, vous semblez ignorer toute règle hiérarchique ! Que faites-vous de l'autorisation du directeur ?

Mme Trouvaille : Qu'est-ce qui est le plus intéressant pour vous, la hiérarchie ou la créativité ? J'avoue que je m'y perds un peu car je suis tout de même cadre A... N'amalgamez-vous pas la hiérarchie et le pouvoir ?

M. Malotru : Vous m'agacez... Ce qui m'intéresse actuellement, c'est de savoir où vous en êtes dans le partenariat avec le service des frais de séjour et de traitements externes ? N'oubliez pas que je vous ai demandé de recevoir les consultants de la salle de chirurgie Jean de Bois, qui évitent de passer par la caisse ! J'attends...

Mme Trouvaille : Je vous dépose mon projet écrit dans les quarante-huit heures. J'attendrai donc l'autorisation de M. Catgalon pour commencer à démarcher. En ce qui concerne le partenariat avec les frais de séjour, j'ai prévu de faire une enquête sur les écueils qu'ils rencontrent. A ce moment-là, j'aurai des éléments mesurés qui permettront d'affirmer quelques conclusions. Je me suis déjà entendue avec M. Picsou, le chef des frais de séjour. Sinon dans six mois, je vous remettrai le montant total des récupérations financières opérées par mon staff et *(haussant le ton)* je ne veux plus entendre dire que le service social n'est pas partenaire des frais de séjour. Que l'on cesse ce discours ! *(reprenant la voix normale).* Enfin, pour les consultants de la salle de chirurgie Jean de Bois, Mme Espérance m'a dit n'avoir jamais demandé à en être déchargée. En conséquence, je suis en train de faire confectionner des affiches que nous placarderons dans tous les boxes pour indiquer sa permanence. Je compte aussi être vigilante sur les éléments d'évaluation pour les traitements externes, que je ne manquerai pas de vous transmettre.

M. MALOTRU *(souriant)* : Bien, bien ! J'observe que vous avez des priorités avec votre staff, notamment avec Mme Rita, tout n'est pas perdu... puisqu'elle est l'homonyme de sainte Rita que l'on prie pour les causes perdues... *(Rires.)* De plus, vous avez aussi M. Antoine qui retrouve les objets perdus... *(Eclats de rire partagés.)*

Mme TROUVAILLE : Pour ma part, j'espère que nous n'allons pas devenir des caméléons comme vous me l'avez laissé entendre au début de l'entretien et que nous gardons l'espérance de conserver l'espace de liberté sans lequel aucune trouvaille pourtant nécessaire pour progresser et aucun travail social ne peuvent se réaliser.

N° 7 : PARTICIPER / RESPECTER LES INDIVIDUS

Dr PATE : Dites-moi Sophie, voudriez-vous rencontrer M. Charlotte qui est hospitalisé au lit 12. C'est un type jeune qui est entré par les urgences pour une pathologie de l'excès. J'ai cru comprendre qu'il traverse un passage difficile. Pour moi, il peut sortir mais je préfère vous donner le temps de le consulter. Vous me donnerez votre avis ? *(Sourire.)*

SOPHIE : Comme d'habitude, ne prenez pas trop de temps, hein ?

Sophie entre dans la chambre de M. Charlotte : Bonjour, je suis l'assistante sociale. Le docteur Pate m'a demandé de vous rencontrer pour faire ensemble un bilan de votre situation. Pourriez-vous venir dans mon bureau à 15 heures cet après-midi ?

M. Charlotte est habillé d'une chemise de l'hôpital, les pieds nus. Il se lève de son siège et acquiesce : Si vous le voulez, d'accord, à tout à l'heure. Je viens comme ça ? *(il montre la façon dont il est vêtu.)*

SOPHIE : Comme vous voulez. A tout à l'heure.

M. Charlotte entre dans le bureau de l'assistante sociale : Me voilà ! Vous vouliez me voir ?

SOPHIE : Asseyez-vous. Le docteur Pate m'a dit que vous êtes entré à l'hôpital par les urgences. Vous y avez été accompagné ?

M. CHARLOTTE : Qui voulez-vous que j'intéresse ? Je n'ai jamais été accompagné mais abandonné. Je n'ai jamais connu mes parents. A ma naissance, j'ai été placé en nourrice. Personne ne m'a gardé et j'ai erré toute mon enfance de foyer en foyer. Je peux dire que je suis un enfant de la DDASS faute de mieux. C'est un bon accompagnement non ?

SOPHIE : La DDASS s'est occupée de vous... Vous avez eu des mauvais mais aussi des bons moments. Vous êtes allé à l'école... appris un métier, vous avez eu des camarades... Et maintenant vous êtes adulte ! *(Sourires.)*

M. CHARLOTTE : Ah ! mes copains ne connaissent que Michel Charlotte. Qu'est-ce qu'ils ont pu me chambrer avec mon nom... Tu me prépares une miche de pain ? Une charlotte aux fraises ou une charlotte aux pommes ?... Reste dans tes chaussons Baba au rhum !... Du reste, c'est peut-être pour ça que j'ai passé mon CAP de boulanger-patissier !... Coincé entre les pains au chocolat et les religieuses... Mais j'aurais pu tout aussi bien devenir garagiste parce que j'en ai entendu aussi des Michelin... Vous savez les pneus Michelin ? *(Rires partagés.)*

SOPHIE : Avec votre métier, vous ne devez pas avoir de difficulté pour trouver de l'embauche !

Michel CHARLOTTE: J'ai bien un peu travaillé chez moi, dans l'Eure. Mais quand on apprenait que je venais de la DDASS, on me laissait de côté. J'ai quitté l'Eure pour monter à Paris. Ici, c'est carrément la galère. Je ne trouve ni emploi, ni logement. Pour changer des foyers de mon enfance, je crèche dans un centre d'hébergement. Ils appellent ça le château des rentiers ! Il faut voir le château... Non pas des rentiers mais de la cloche !

SOPHIE : Ça fait longtemps que vous êtes monté sur Paris ?

Michel CHARLOTTE : Quelques mois. Je suis aussi seul qu'avant sinon davantage. Je suis largué, sans parents, sans amour, je n'existe pour personne. Je peux bien disparaître, personne ne s'en rendrait compte et je ne manquerais à personne. Le plus difficile à admettre c'est le vide !... *(Il rit nerveusement.)*

SOPHIE : Vous permettez que je vous appelle Michel ? *(Il acquiesce d'un mouvement de tête.)* A votre âge, vous pouvez construire votre avenir !

MICHEL : Ouais... J'ai vingt-sept piges et j'ai l'impression d'en avoir le double !

SOPHIE : Malgré votre impression, vous n'en avez que vingt-sept !... Vous devez faire avec. Quels sont vos projets ?

MICHEL : Mon projet serait de trouver du travail d'autant que j'ai un métier. Vivre comme tout le monde, m'occuper l'esprit. Je gagnerais ma vie, je pourrais me loger et m'amuser... C'est le lot de tout le monde non ? Moi je ne suis pas né sous la bonne étoile. J'ai été abandonné. Je compte pour du beurre !..

SOPHIE : En parlant de beurre, si on vous aidait à trouver un emploi de boulanger-patissier, seriez-vous partant pour le prendre ?

MICHEL : Vous me faites marrer, ça ne se trouve pas comme ça. Quand vous annoncerez que je viens de la DDASS, vous ne serez pas déçue du voyage. On préfère embaucher les sans-papiers au noir, ça rapporte plus, on ne les abandonne pas eux.

SOPHIE : Allons ! Vous caricaturez là ! Imaginons que je vous dise, voilà Michel j'ai téléphoné un peu partout, j'ai pris des contacts et ça va marcher: voilà des ouvertures pour vous... Qu'en diriez-vous ?

MICHEL : J'ai cherché moi... Pourquoi je n'ai rien trouvé et pourquoi vous trouveriez ? J'y crois plus ! Pourquoi voudriez-vous que ça marche ?

SOPHIE : Vous n'êtes pas une marionnette dont on ignore qui tire les ficelles. Quand vous vous présentez pour un travail, donnez-vous les moyens de gagner, pour cela, il faut y croire fort, très fort !

MICHEL : Ouais, j'aimerais être comme tout le monde... Mais comment voulez-vous m'aider à trouver du travail si je retourne au château des rentiers ?

SOPHIE : De deux choses l'une. Si vous êtes d'accord sur le principe, je m'arrange avec le service pour vous trouver d'autres solutions. Dans le cas contraire, vous pouvez sortir ce soir même. Les cartes sont dans vos mains. A vous de décider !

MICHEL : Je veux bien accepter. J'attends de vivre comme tout le monde, ce n'est pas facile d'errer dans les rues, vous savez... Et puis j'ai mon métier. Si vous me demandez de m'engager, je m'engage à travailler.

SOPHIE : Je ne vous demande rien, il s'agit de vous, la décision n'appartient qu'à vous seul. Si vous êtes d'accord, vous pouvez regagner votre chambre. Je vous tiens au courant rapidement.

(Sophie prend le téléphone et appelle son correspondant à l'ANPE.)

SOPHIE : Allô, monsieur Tripaliome, bonjour c'est Sophie. Dites-moi, auriez-vous actuellement dans vos tablettes une offre pour un boulanger-patissier ?

M. TRIPALIOME : Comment ça va depuis la dernière fois ? Toujours le moral face à l'adversité ? *(Rires partagés.)* Attendez, je cherche... ça défile... Oui, voilà. C'est la compagnie Le Périple Circulaire qui cherche un boulanger-patissier, huit heures de travail sur cinq jours, libre le week-end pour un salaire de 9 000 F par mois pour débuter... Pas mal non ?

SOPHIE : Mais ça nous convient bien ça... pas mal en effet. Quand et où faut-il se présenter ?

M. TRIPALIOME : Jeudi, après-demain à 8 heures le matin, au siège social. Vous avez déjà l'adresse ou je vous la redonne ?

SOPHIE : Oui j'ai déjà l'adresse. Encore merci pour tout, vous nous facilitez rudement la tâche... Il se présente de votre part ?

M. TRIPALIOME : Oui, pas de problème. Donnez-moi quand même son nom ? Au plaisir de vous revoir Sophie.

Sophie : Il s'appelle Michel Charlotte, vingt-sept ans. A bientôt.

(Sophie rencontre le docteur Pate et lui explique le contrat passé avec Michel.)

Dr Pate : OK Sophie, je vous ramène demain matin de quoi l'habiller comme un sou neuf de pied en cap avec en prime, un portefeuille pas bourré mais pas vide. Je partage votre avis : qui ne tente rien n'a rien. A demain.

Le lendemain, le docteur Pate dépose un grand sac dans le bureau de Sophie : Voilà Sophie de quoi transformer notre ami en prince... Quelques espèces aussi pour ne rien gâcher... On se sent mieux avec un peu de monnaie ! *(Rires partagés.)*

Sophie se dirige vers la chambre de Michel, elle tape et entre : Bonjour Michel, comment allez-vous ? Pas trop fébrile ? j'ai des bonnes nouvelles pour vous...

Michel : Vous ne m'avez pas oublié ? Vous m'avez trouvé quelque chose ?

Sophie : Voilà, je vous ai tout noté là-dessus. La compagnie Le Périple Circulaire cherche un boulanger-patissier. Le salaire de début est confortable, il s'agit d'un travail basé à Paris qui se déroule sur cinq jours à raison de huit heures par jour. Les week-end sont libres. Je vous ai tout noté sur la fiche technique. Vous avez rendez-vous demain matin, ce sera jeudi, à huit heures. Vous partirez d'ici à sept heures et demie après avoir pris un bon petit-déjeuner que j'ai déjà commandé. Voilà l'adresse à laquelle vous devez vous présenter.

Pour vous vêtir, le docteur Pate vous a procuré ces vêtements d'excellente qualité. Vous allez flasher ! Comme il dit, en prime, vous trouverez un portefeuille qui vous apportera un peu d'assurance, un peu d'aplomb ! Maintenant, à vous de jouer ! Vous pouvez gagner...

Michel : Ah ! ça été drôlement rapide. Je n'en reviens pas, ma vie va changer, finie la galère, c'est terminé de tourner en rond, maintenant à moi de jouer ! J'avoue que j'ai de la chance d'être tombé sur vous ! Vous remercierez aussi le docteur Pate pour moi ! A la suite de mon rendez-vous, je vous téléphone pour vous annoncer la nouvelle !

Sophie : Si vous voulez, n'importe comment, nous vous attendons. *(Sourires partagés.)*

Le lendemain matin, Sophie entre dans la salle d'hospitalisation, il est huit heures moins le quart. Les infirmières la fuient. Elle pousse la porte de la chambre de Michel Charlotte. Il est vautré dans son lit.

Sophie : Vous avez oublié votre rendez-vous ?

Michel : Non, mais c'est du pipeau. Même si c'est vrai pour le job, j'ai pas envie de galérer pour aller bosser... C'est pas contre vous, croyez-moi !

Sophie : Je suis désolée pour vous. Levez-vous, habillez-vous immédiatement, vous êtes sortant du service. Au revoir Michel.

(Sophie tourne sèchement les talons. Elle se retrouve plus tard en discussion avec le docteur Pate.)

Dr Pate : Je ne sais pas si on s'est fait avoir ? Je partage votre déception mais on est forcé d'avoir confiance pour avancer, vous avez adhéré et accédé à sa demande d'emploi, vous l'avez respecté, considéré malgré sa marginalité. *(Rires.)* Vous voilà vaccinée pour quelques temps Sophie !

Sophie : Peut-être que du fait de sa marginalité, il a eu du mal à adhérer réellement au projet, il lui aurait fallu plus de temps, retrouver davantage de confiance en lui... Même nous, nous avons beau avoir du respect, considérer les individus dans leur différence, il nous est difficile de trouver la bonne adéquation.

Dr Pate : Le temps de l'hospitalisation ne permet pas au malade un tel investissement sur un projet de vie. Vous ne pouvez que passer la main, même si votre approche sociale est exacte.

Sophie : Passer la main, oui ! mais à qui ? et comment ? Quel relais pour un accompagnement au long cours, de surcroît pour un SDF ? *(Rires partagés.)*

Dr Pate : Ça vous file entre les pattes, c'est l'occasion de le dire !

Sophie : Je reste tout de même amère, comme si j'avais sauté un paragraphe, je me suis laissée aller à mon enthousiasme...

Dr Pate : Ah ! Sophie, la lecture rapide, ce n'est ni plus ni moins la lecture en diagonale... Vous allez retomber sur vos pattes... Va ! *(Rires.)*

N° 8 : ADHERER / CONSIDERER LES INDIVIDUS

Mme Blanche Neige, assistante sociale auprès de la consultation d'accueil des personnes en situation de précarité, frappe à la porte de Mme Soupape, responsable du service social et entre excédée.

Mme SOUPAPE : Bonjour Blanche, vous semblez excédée, que se passe-t-il ?

BLANCHE : Mon bureau commence à ressembler à un dépotoir de consultants qui encombrent le service... On me demande de trouver des réponses en vingt-quatre heures comme si Paris avait été construit en un jour ! La pression morale, je ne la supporte plus !

Mme SOUPAPE : Qu'entendez-vous par dépotoir ? Et pourquoi certains consultants dérangeraient ? N'oublions pas que l'hôpital est accessible à tout le monde !

BLANCHE : C'est toujours pareil... Les médecins prévoient une hospitalisation dans les quarante-huit heures pour faire un bilan complet. Ils me demandent des garanties immédiates de prise en charge financière. Comment faire ?

Mme SOUPAPE *(souriant)* : A moins d'être experte en tour de passe-passe, il vous revient en premier lieu d'informer les patients après avoir évalué leur situation sociale et, ensuite, de bien leur exposer les démarches à entreprendre. L'attitude à avoir ne change pas mis à part qu'il faut peut être avoir une vigilance et une force de conviction plus aiguës vis-à-vis des personnes en situation de fragilité ou de rupture !

BLANCHE : Comment voulez-vous que je m'en sorte alors que beaucoup n'ont plus de papier, même pas leur passeport !... Ah ! Tout ça m'agace !

Mme SOUPAPE : A vous de leur expliquer que s'ils ont des droits, autant les faire valoir ! A vous d'essayer de les accrocher à un projet qui les touche. ! S'ils viennent spontanément chercher du soin et de l'aide, ils y ont intérêt, alors autant en profiter pour leur faire imprimer quelques règles élémentaires... mon cher Wattson ! *(Rires.)*

BLANCHE : Oui, mais le service me demande des réponses immédiates, l'ouverture des droits en vingt quatre heures, c'est surréaliste, avouez !

Mme Soupape : Puisque ces pratiques semblent nouvelles aux partenaires de la précarité, voulez-vous que je rencontre le professeur Cepah pour lui expliquer que nous tentons de réunir tous les moyens mais nous ne pouvons en garantir les résultats ! Ça va de soi !

Blanche : *Charity Business,* on connaît... Toutes les pilules, toutes les pastilles, à ne pas confondre avec le pastis, ne se substitueront pas à la posture sociale d'un pékin, même si c'est métro, boulot, dodo ! *(Rires.)*

Mme Soupape *(riant toujours) :* Question piège : lequel est cause ou conséquence de la galère ? Le pastis ou le pastaga ?

Mme Soupape rencontre M. le professeur Cepah.

Mme Soupape : Bonjour monsieur Cepah, j'ai souhaité vous rencontrer pour voir ensemble comment optimiser la qualité de la prise en charge des consultants de la PASS.

Pr. Cepah : La PASS ? La passe qui ? La passe quoi ? *(Eclats de rires.)*

(Ecarquillant les yeux.) Et pourquoi pas la passe dans un hôtel borgne ? Serait-ce une pasquinade la passe à l'hôpital ? *(Rires.)*

Mme Soupape *(en soupirant)* : Enfin, la PASS, c'est pas le Pérou ! Les exclusions, vous connaissez ? La PASS signifie la Permanence d'accueil des soins de santé. La consultation ghetto pour ceux qui ont perdu le boulot, métro, dodo... *(Rires.)*

Pr. Cepah : La PASS, ah ! il faut que je m'y habitue... A mon avis, la PASS requiert non seulement des moyens mais surtout des résultats. Ce qui m'importe avant tout, c'est qu'il soit donné suite à la prescription médicale faite à un malade.

Mme Soupape : Croyez-vous qu'il soit possible de remettre à flot, en vingt-quatre heures, des galères qui dérivent depuis des mois parfois des années ? La PASS révèle que le service public, de fait, n'est plus accessible à tous dès l'instant où une consultation de précarité se différencie des autres...

Pr. Cepah : Comment, comment ? Si la loi a prévu la PASS, c'est bien qu'il s'agit d'un problème nouveau, étroitement lié aux problèmes de santé, enfin, M. le Ministre nous convie bien à contribuer au dépistage des souffrances sociales, non ?

Mme Soupape : Vous avez dit dépistage ? Non éradication ! Je comprends que la PASS se transforme en passe-partout, sauf pour les intéressés qui demandent vainement des laissez-passer ! Si l'exclusion est une plaie, les exclus sont donc des malades ! C'est ça ? Y a-t-il un chromosome de l'exclusion... ou bien des anomalies du cerveau, docteur-dépisteur ?

Pr. Cepah *(souriant très fort)* : Si vous êtes d'accord avec moi, chère amie, je serais ravi d'avoir quelques chiffres qui permettraient de positionner en pôle d'excellence notre service dans l'hôpital, voire au sein de l'institution et, pourquoi pas, au Ministère ?

Mme Soupape : Je continuerai comme tous les ans à vous remettre le rapport d'activités. Si je comprends, vous visez le résultat zéro démuni ? Bravo ! *(Eclatant de rire.)* Quelle aubaine si c'était vrai !!!

(Passant sa colère.) La PASS à la casse ! ça m'agace ! Vous n'ignorez pas qu'il s'agit de trajectoires humaines à la dérive, en rupture familiale, de boulot, de repères... Le pôle d'excellence, monsieur, serait de prescrire à ces hommes un travail comme médicament qui leur rendrait leur femme et leurs gosses... Après tout irait mieux ! Ils se sentiraient considérés comme les autres, au moins !...

Pr. Cepah : Je vous demanderais de continuer d'œuvrer *(sourire appuyé)* dans cette tâche complexe, avec le professeur Félix Chafouin, auquel je délègue la responsabilité médicale et l'organisation de cette consultation spécialisée à laquelle j'attache une importance particulière, sachez-le. *(Sourires partagés.)*

Mme Soupape : Vous me voyez ravie d'apprendre que vous attachez une importance particulière aux injustices sociales. Aussi je vous suggère d'avoir quelques accointances politiques pour améliorer le système et proscrire le chômage ! A bientôt.

Mme Soupape rencontre le Pr. F. Chafouin.

Pr. F. Chafouin : Ayant l'honneur d'organiser la PASS, sans faire de mauvais esprit s'il vous plaît *(sourires)*, la PASS étant sous ma responsabilité scientifique et médico-sociale, je travaille en étroite collaboration avec Mme Aude Sue, cadre supérieur infirmier, pour l'accueil et la prise en charge des soins et avec M. Faitout qui nous apporte son entière polyvalence, justifiée par ce public. Entre nous, c'est un ancien garde du corps ! Piliers et spécialistes de la consultation de précarité, ils seront vos partenaires, madame Soupape !

Mme S֙OUPAPE : Comme d'habitude, l'organisation concerne davantage le personnel que les consultants... Surtout ceux de la précarité dès lors qu'ils ne sont pas comme les autres ! Comment auraient-ils voix au chapitre puisque la rue leur tient souvent lieu de domicile ? Ah ! il est vrai que ce public n'est pas commun, vous le craignez, vous ne pouvez ni les voir, ni les sentir... Alors, ils puent et ils se font remarquer en encombrant la rue et l'hôpital...

Pr. F. CHAFOUIN : Vous rendez vous compte, nous conjuguons tous nos efforts pour les accueillir, les soigner et, en plus, dans des lieux d'excellence et de haute spécialité... Qui aurait mauvaise foi de s'en plaindre ? Tout de même !...

Mme SOUPAPE : A force d'outrepasser et de jouer les passoires avec la PASS, vos doctes consultations risquent de n'être qu'un pétard à allumer pour que l'hôpital ne devienne torche ! Un garde du corps n'y suffira plus...

Pr. F. CHAFOUIN : Nous ne faisons que suivre les instructions ministérielles, bien généreuses à une époque où la santé coûte si cher ! J'ose espérer que votre service s'attachera aux récupérations des droits de ces pauvres hères. Vous leur rendrez au moins ce service, comme vous dites, un sauf-conduit permet au moins de circuler !

Mme SOUPAPE : Le directeur financier vous a déjà précédé dans ce discours, la bonne santé de l'hôpital repose sur l'éradication des dépenses irrécouvrables. Plus prosaïquement, que proposez-vous comme plan d'attaque pour adhérer et considérer les individus en position *out* puisque vous vous attelez au dépistage des souffrances sociales ?

Pr. F. CHAFOUIN : Pas d'anglicisme... *In*... *Out*... Chacun choisit sa place, ici ou là, après tout, y compris de ne pas en avoir... Le brave passant a raison de craindre le passager clandestin... J'aurais eu plaisir à poursuivre nos tribulations mais c'est l'heure *(regardant sa montre)*, ma clientèle privée ne saurait attendre. Je compte sur votre collaboration. A bientôt chère amie.

CHAPITRE III
Livret explicatif

DE L'INTERVENTION SOCIALE

Le métier d'assistant socio-éducatif, pour être exercé à l'hôpital, dispose de méthodologies et de techniques d'intervention en travail social [32] comme l'ensemble des travailleurs sociaux. Dans son travail clinique, il utilise l'intervention individuelle et familiale, un peu moins l'intervention collective, bien qu'un élan particulier lui soit donné à travers sa participation à des projets de plus en plus nombreux.

Lorsque deux assistantes sociales exerçant à l'AP-HP [33] ont pratiqué l'action communautaire, en 1984 et en 1986 par exemple, elles l'ont réalisée dans le cadre d'un travail volontaire, non rémunéré et effectué en dehors des heures salariées. Les objectifs tendaient à mettre leur savoir-faire au service de la communauté ciblée dès la formation des associations comme Aides et France Alzheimer. Mais encore l'intégration du métier dans ces nouveaux viviers offrait un observatoire riche et actif favorisant de multiples interactions et rétroactions à visée de changement et d'amélioration des conditions sociales. A partir d'un seuil de montée en charge, un poste d'assistant de service social était validé et pérennisé dans les fichiers des emplois stables desdites associations.

Si les méthodologies et les techniques évoluent avec le temps, le service social hospitalier demeure au centre du temps fort des crises liées à l'action sociale pour au moins trois raisons. La première est inhérente au spectacle des désastres entraînés par les pathologies difficiles à éradiquer médicalement, comme le Sida et la maladie d'Alzheimer. La

---

[32] Bouquet Brigitte et Garcette Christine. – *Assistante sociale aujourd'hui. Ibidem*, p. 149.
[33] Aides, décembre 1984. Cocréation du collectif juridique et social par Elyane Caubet. – France Alzheimer, 1986. Création du service social par Geneviève Pignel.

seconde provient de l'interaction immédiate des répercussions familiales et collectives induites par les maladies et les dépendances qu'elles entraînent. Enfin, la troisième résulte des problèmes sociaux engendrés par l'évolution économique de la société qui donne une poussée exponentielle à la précarité, sachant que les services hospitaliers d'urgence demeurent toujours un accueil, un abri contre les chaos sociaux, même s'il est ultime. Des enquêtes scientifiques l'ont démontré [34].

L'intervention sociale est une action volontaire dans le cadre d'une mission autorisée et/ou légale, menée par le travailleur social qualifié, comme dans tout métier, avec la différence qu'il fait partie de la gamme des métiers de l'humain, situé sur la brèche de la dérive. D'aucuns reconnaîtront la complexité d'adapter la pratique face à nombre d'inconnues. Le facteur humain reste toujours imprévisible et très difficile à appréhender. Il ne se laisse pas enfermer dans une équation.

Pour répondre à ses missions, le travailleur social ne procède pas de façon instinctive, intuitive ou empirique, mais il soumet son activité à une démarche intellectuelle raisonnée qui est une méthode. La méthodologie désigne ici l'ensemble concerté des opérations mises en œuvre pour atteindre un ou plusieurs objectifs [35].

Le cadre légal est donné par le décret du 28 mars 1993 qui définit les missions de l'assistant socio-éducatif à l'hôpital comme suit : *« de conseiller, d'orienter et de soutenir les personnes accueillies et leurs familles, de les aider dans leurs démarches et d'informer les services dont ils relèvent pour l'instruction d'une mesure d'action sociale. Ils apportent leur concours à toute action susceptible de prévenir les difficultés sociales ou médico-sociales rencontrées par la population ou d'y remédier »*.

Si l'assistant socio-éducatif examine les situations individuelles des malades dans le contexte hospitalier, il prend en

---

[34] Colloque européen « Réseau sentinelle urgences », Paris, Cité des sciences, 24-25 septembre 1998.
[35] Devereux Georges. – *De l'angoisse à la méthode*. Paris, Editions Flammarion, 1980.

compte de multiples facteurs médical et thérapeutique, de capacités, de limites et d'interactions : psychologiques, de réseaux naturels et de réseaux organisés proches de la personne, professionnelles et/ou occupationnelles, financières et budgétaires et enfin, d'accès à l'environnement spatial. En parallèle, tenant compte que le travail hospitalier se réalise dans le cadre d'une équipe pluridisciplinaire, l'assistante sociale accroît sa vigilance pour favoriser les interactions entre le malade hospitalisé et ses proches avec les autres acteurs de l'hôpital.

Le service social s'inscrit dans une démarche globale et interactive, ouverte à l'environnement interne et externe à l'hôpital. Son rôle d'interface ville-hôpital est essentiel. Cette approche complète de la personne hospitalisée lui confère une grande diversité d'actions et de types de traitement de la question sociale posée au malade et à son entourage. Les méthodes du service social hospitalier lui sont spécifiques.

Il peut s'agir d'une action ponctuelle où une réponse immédiate est apportée à une demande déterminée telle une information sur une adresse, sur les droits ou sur la constitution d'un dossier de maison de santé. De nombreuses démarches peuvent en découler lorsque le malade manque de capacité à les effectuer et/ou n'a pas de proches pour l'épauler, le soutenir, le stimuler.

L'action peut s'inscrire à plus long terme lorsque le suivi social auprès des malades handicapés [36] ou polyhandicapés l'exige à l'occasion des consultations ou des réhospitalisations. Médiateur entre les différents systèmes hospitaliers internes : médical, de soins, administratif, le service social intervient en collaboration avec d'autres services extérieurs et avec les réseaux de proximité naturels ou organisés.

Dans ses pratiques, il intervient fréquemment pour réparer le dysfonctionnement des services pourtant qualifiés mais cloisonnés, dont l'impact concourt à desservir le citoyen malade. Par exemple, il lui est fréquent de jouer le doublon du service des frais de séjour ou des traitements externes pour faire valoir des droits. De même que nombreuses sont ses interventions auprès des services administratifs extérieurs

---

[36] CNAF, *Informations sociales*, « Handicaps et handicapés » n° 42, 1995.

pour régler des litiges et différents contentieux qui n'auraient pas lieu d'être du fait de leur domaine de compétence. Si l'action menée nécessite un suivi social au long cours, un relais de santé extérieur à qui transmettre le dossier et en confier la vigilance, le relais est souvent difficile à trouver sauf à chaque fois que cela est possible, à formaliser au moyen de conventions signées par les organismes employeurs.

A titre d'exemple, une procédure de relais mise en place en 1995 à titre expérimental, a été validée. Elle a fait l'objet de conventions entre la Cramif[37] et deux centres de gérontologie « moyen-séjour », Broca-La Rochefoucauld, le 2 mai 1996 - Sainte-Périne-Chardon Lagache, le 24 mai 1996. Le service social hospitalier adresse une fiche de liaison pour toute personne âgée dont le retour à domicile est prévu et organisé. La personne âgée et/ou son entourage est prévenue de l'intervention du service social spécialisé de proximité ; l'assistante sociale effectue une visite à domicile, évalue l'adaptation des moyens mis en place et se charge des interventions sociales nécessaires selon l'évolution de la situation[38].

Par définition, les réseaux de service social de polyvalence de secteur mais aussi spécialisés existent, chacun suivant des missions assignées par les organismes employeurs. Si certains de ces réseaux ne formalisent pas des objectifs communs d'éducation à la santé notamment en fonction du seuil de vulnérabilité des populations, le travail de partenariat ne sera pas prioritaire dans l'intervention sociale menée.

DE L'EXIGENCE DE QUALITE

Avant d'aborder les caractéristiques internes des mises en scène, il semble intéressant de relever quelques points forts, immédiatement visibles. La spontanéité du choix des contenus s'est accompagnée toutefois de l'intention de sélectionner les concepts.

---

[37] Cramif : Caisse régionale d'assurance maladie d'Ile-de-France.
[38] Revue *Cap social,* assurance maladie, Sécurité sociale, Caisse primaire de Paris, n° 12, décembre 1998.

Même si les personnages et les situations sont totalement fictifs, ils s'inspirent d'une réalité vécue, manifestement plus dense et plus élaborée que ces quelques moments de vie. Chaque chapitre a fait l'objet du consensus du groupe de rédaction qui s'y retrouve professionnellement pour avoir rencontré ces situations considérées comme fréquentes et classiques. Variable en fonction des attentes et des influences des organisations de proximité administrative, financière, médicale et politique, le premier axe a guidé six saynètes, soit les trois quarts des situations. Le rôle de marginal sécant semble manifeste notamment au niveau de l'organisation de proximité, c'est-à-dire l'hôpital mais aussi des différents services qui le composent.

Aux fonctions multiples de responsable du service social : accompagner, informer, orienter les malades et leurs familles, recruter, encadrer les professionnels, gérer leur service, s'ajoute la diversité liée aux interlocuteurs : directeurs, médecins chefs de service, cadres supérieurs infirmiers et aux représentations de différents publics liées à la maladie, au handicap, à la précarité, au chômage... Dans toutes ces fonctions, le lien social est le fil conducteur. Tout travail sur le lien nécessite l'écoute attentive, active, la disponibilité, la prise de recul, la réflexion, la recherche d'analogies, de repères, de bibliographies. Avant d'apporter la réponse la plus adéquate, ce travail ne peut se réaliser qu'à partir d'un moyen essentiel qui est le temps.

Les assistants de service social devenus cadres socio-éducatifs sont responsables de l'organisation et du fonctionnement du service social à l'hôpital. Recrutés par concours interne ou sur liste d'aptitude, ils sont maintenant en catégorie A. Etre cadre socio-éducatif, c'est disposer d'un crédit d'autorité et avoir la responsabilité d'hommes et de femmes diplômés et qualifiés dans le traitement de la question sociale. Les cadres socio-éducatifs hospitaliers occupent une place située à la charnière de plusieurs disciplines administrative, financière, médicale et politique. A l'interface des acteurs de terrain et des décideurs, ils sont porteurs de nouveaux projets à visée opérationnelle. Ils disposent d'outils propres et spécifiques à la fonction de responsable qui requièrent toutefois d'être théorisés, enseignés et réactualisés. Les mises en scène pointent la connaissance du métier et la déontologie. Les écarts voire les divergences des point de vue au sein de l'équipe hospitalière varient en fonction des intérêts et des enjeux des spécificités professionnelles et des opportunités, parfois au point où la question se pose de savoir si l'intérêt du malade reste bien la priorité ? Si les exigences de qualité sont maintenant obligatoires, elles visent à corriger les écarts sécrétés par l'organisation.

Le deuxième axe du concept d'intervention sociale consistant à donner forme à l'adaptation et à l'échange avec l'usager figure dans deux saynètes, la n° 2 « Se renforcer / Mobiliser » et la n° 7 « Participer / Respecter les individus ». Pourquoi ce diptyque ? Puisque le choix des contenus est spontané, il ne fait que traduire la particularité de la fonction des auteurs, tous cadres socio-éducatifs. En même temps, il signifie la polyvalence des fonctions.

Le déroulement de la scène met en situation directe de face à face l'assistant socio-éducatif et l'usager. Comme dans l'entreprise l'activité clinique de l'assistant de service social repose sur un équilibre situé entre la pérennité et la tonicité et entre la fusion et la singularité. La fabrication des actes se poursuit mais requiert du dynamisme et le professionnel qui n'est pas livré à lui-même, dépend bien d'une organisation avec laquelle les jeux d'influence interagissent. Considérant les approches sociale et médicale comme indissociables, son action se situe à la charnière entre l'individu et la collectivité.

L'analyse des contenus répond à un double questionnement. Le premier axe consiste à savoir comment s'opère l'interférence entre les vecteurs de l'entreprise et l'intervention sociale ? Le second axe va permettre de pointer les indicateurs professionnels, à partir du code de déontologie et des cadres légal et pénal. Pour ces raisons, deux analyses thématiques s'avèrent nécessaires puisque les canevas sont différents. La synthèse des deux à partir des points communs et des points divergents positionnera l'intervention sociale dans la prestation de service, en terme de production et d'échanges, à l'hôpital.

L'assistant socio-éducatif reçoit une commande et la traite à partir du projet alliant le projet de soins et le projet de vie, qu'il contribue à façonner pour aider le malade à construire la dynamique de son avenir. C'est bien de la production dont il s'agit, corollaire du sujet, à la différence du produit qui l'est de l'objet. L'assistant socio-éducatif est l'artisan du changement dès lors qu'il interfère sur l'individu qui lui demande de l'accompagner et de le suivre. Il en est de même pour toute fonction de conseil et de médiation.

Si l'assistant socio-éducatif est artisan du changement, contrairement à l'artisan lambda, il ne travaille pas seul dans son atelier. Son action est dirigée sur la capacité à fabriquer du lien social et du liant, à partir des entretiens et des différents contacts. Inscrit dans la pluridisciplinarité, il peut éviter ou provoquer des rencontres avec les collègues de son groupe d'appartenance professionnelle. A tout moment, il peut s'il le souhaite faire appel à son responsable pour avoir un conseil technique. Le responsable intervient quelquefois en doublon sur une situation clinique précise, afin d'apporter une supervision. De même que des études collectives des situations sociales contribuent à une mise à plat des trajectoires rencontrées, dont l'évaluation et l'identification des objectifs d'action sont traitées en commun par l'Arpej social, c'est-à-dire le management par l'analyse, la rationalité, le perfectionnement, l'évaluation, les jeux d'acteur [39].

En ce qui concerne les conditions matérielles de travail, comme l'emplacement géographique du bureau, le responsable ne peut agir qu'au coup par coup dès lors qu'aucune procédure conventionnelle n'a été arrêtée à ce sujet ni au niveau du secrétariat d'Etat à la Santé et à l'Action sociale, ni dans les hôpitaux de l'AP-HP. L'organisation du service social à l'hôpital sur le mode du département géographique est l'une des voies d'avenir. Prestataire de service, le service social requiert d'être homogène et soudé, conforme à l'organisation opérationnelle afin de mieux articuler son intervention et vendre son image. Si la négociation reste l'outil privilégié parmi la palette d'outils, la limite stratégique sur le plan de l'éthique du management consiste à poser le dilemme : pas de bureau, pas d'assistant de service social. Sans le bureau, attribut fonctionnel car il est l'outil de travail

---

[39] Revue *L'Action sociale*, « Assistantes sociales en milieu hospitalier : cap sur la réflexion stratégique », Paris, septembre 2001.

du service social, la valeur ajoutée de la prise en compte de l'action sociale ne peut que s'amenuiser peu à peu à l'hôpital ainsi que la plus-value des répercussions financières par la restitution des droits des malades concourant à la prévention des créances irrécouvrables pour l'hôpital.

Il serait malaisé de concevoir l'action sociale dans la cité où elle s'organise et s'applique sans aussi la formaliser dans un lieu dont l'objet est le soin. Au quotidien dans les discours, le pas est vite franchi de confondre le soin et la santé des individus. Après une semaine d'hospitalisation à quatre mille francs par jour, que signifie de prescrire à un diabétique un traitement par insuline et un régime sans se préoccuper qu'il n'ait pas de moyens financiers, de toit et de couverture sociale ? Cet exemple est transposable dans toutes les disciplines médicales à l'hôpital. La gérontologie n'y échappe pas. Encore à l'heure actuelle, les associations de maintien à domicile admettent avec beaucoup de difficultés les retours à domicile intempestifs des personnes âgées vulnérables pour lesquelles le médecin hospitalier signe la sortie du jour au lendemain sans même se préoccuper de la logistique matérielle.

Si l'arme de l'assistant socio-éducatif à l'hôpital est la négociation teintée de force de conviction, trop souvent pour éviter la confrontation médicale et sociale, les décisions de sortie sont prises par le médecin uniquement, en catimini en quelque sorte. L'intervention de l'assistant socio-éducatif ne peut être pratiquée auprès de tous les malades hospitalisés et consultants de façon systématique en court séjour à cause des limites de la charge de travail et parce que les flux des malades se renouvellent rapidement dès lors que les médecins sont tenus de respecter la durée moyenne de séjour *ad hoc*.

L'exigence de la qualité est confrontée à nombre de contraintes d'organisation et d'économie, elle soulève en premier lieu la question de la coveillance. Faire sortir un malade de l'hôpital sans se préoccuper des conditions de sortie n'est plus acceptable, en matière de service rendu au citoyen et par respect des organisations extérieures et des métiers sur le marché de la ville tant sanitaires que sociaux.

Même si dans l'immédiat l'évaluation de la qualité porte sur le service rendu en intra-hospitalier, de l'accueil et de l'information à la qualité des soins portés au malade, à terme et dans la continuité des politiques sociales, l'hôpital aura aussi à s'organiser de manière plus rigoureuse sur la qualité de la coveillance interface hôpital-ville. Le réseau devenu volonté politique ne trouvera-t-il pas ses limites dans la vitalité de ses partenaires professionnels et usagers, vitalité sous-tendue par des enjeux respectifs et ravivée par la coveillance ?

DU MANAGEMENT : ORGANISATION ET GESTION

Les critères de management de l'entreprise ont servi de filtre à la première analyse thématique. Chaque verbe traduit une action qui conditionne la production d'actes professionnels.

« *Se protéger / Combattre* » illustre trois points forts, communs aux protagonistes : les niveaux différents d'évaluation, le rapport au temps et la tentative de diversion pour dominer.

Le territoire est sanitaire, il interfère de fait dans les logiques d'action et dans les priorités. Si les plans d'évaluation sont inhérents aux métiers, ils répondent à des prescriptions et à des pratiques différentes. La surveillante gère le flux des malades hospitalisés. Elle exerce une pression liée à cet objectif, tandis que l'assistante sociale applique à la fois, les règles de droit commun à tout citoyen en jouant l'interface ville hôpital et la planification de ses actions spécifiques.

Si le rapport de forces est mis en scène, il est partagé. Si se protéger et combattre sont des attitudes incontournables pour affirmer la spécificité, elles représentent les moyens humains pour atteindre les objectifs fixés par les deux métiers dont la production d'actes est manifestement différente, tout en étant synergique. En quelque sorte ces attitudes préviennent l'erreur qui serait de laisser une faille dans la particularité des atouts liés à la différence d'intervention professionnelle.

« *Se renforcer / Mobiliser.* » Intervenir auprès des malades qui déclarent leurs désavantages liés à leurs capacités restantes et à leur environnement personnel requiert des réponses concrètes. L'objectif visant l'insertion du malade à sa sortie de l'hôpital.

Trois points forts étayent cette saynète : la confiance, la valeur ajoutée et le facteur temps pour favoriser le retour à la socialisation. La création d'une association du service social sur l'hôpital témoigne de la capacité du métier à s'organiser pour produire une valeur ajoutée concrète et efficace.

« *Assurer ses bases / Promouvoir.* » Si la confrontation des points de vue est essentielle, ne possédant pas d'effet réparateur immédiat, elle confère une implication particulière, source de vigilance accrue et d'arguments élaborés différemment pour asseoir la particularité. L'exemple met en scène la responsable du service social qui fait la démarche de rencontrer le médecin chef du service hospitalier, le directeur et le chef des travaux.

Malgré les obstacles rencontrés, les objectifs rappellent qu'il n'y a pas de place pour le lâcher-prise, à moins d'annihiler les outils requis pour garantir la qualité du service rendu, le bureau pour l'assistante sociale en est le témoin.

Si la ténacité et la pugnacité sont les moteurs essentiels de la défense des intérêts, la question du partage du territoire engage la question de l'échange, du donnant donnant. Un apport à sens unique ne peut pas se concevoir professionnellement. Tout métier répond à des critères de fonctionnement identifiés et justifiés.

Chaque prestation de service est tributaire de l'ensemble des actes pratiqués au profit du malade et de son entourage. La codisciplinarité semble une règle de fonctionnement concurrentielle alors qu'elle vise l'apport synergique de plusieurs spécialités, différentes, qui entrent en compétition. Si le projet de soins est prioritaire, il est inséparable du projet de vie. Les enjeux de pouvoir sont multiples et l'effet d'émulation requiert la qualité de la prestation rendue au malade.

« *Réguler les relations internes et externes / Développer.* » Si l'objectif vise à améliorer la qualité de la production d'actes destinés aux malades et à leurs familles, le service social se dote de plusieurs outils, la mise en commun des constats et la réunion dont la visée est fédératrice. Cette réunion s'appuie sur le rapport d'activités. La prescription de l'entreprise est au centre des débats, son impulsion ciblant le changement par l'amélioration des résultats de production.

Le concept du temps traduit la pression des diverses demandes mais aussi l'action individuelle chronophage. Le projet collectif est en quelque sorte le bouclier professionnel qui témoigne de l'entité spécifique et démontre la capacité des acteurs de mettre à plat les dysfonctionnements communs. La dynamique étant de créer des réponses collectives et organisées qui entrent dans l'économie des efforts de production.

« *Se fondre / Chacun selon ses résultats.* » Si l'entreprise rappelle la méthodologie d'action, elle tente de fédérer la culture de la qualité du service rendu. Chacun travaillant dans sa spécialité approfondit les actions qu'il mène, tout en connaissant peu les champs voisins d'intervention. Or, la production de l'acte global est le résultat de nombreuses interventions qui s'imbriquent de façon synergique.

Si l'objectif vise à optimiser le partenariat, les moyens utilisés suscitent la crainte des réactions occasionnées par le changement. Les moyens consistent à se rencontrer, se reconnaître et trouver des points communs à partager. Ils passent par l'identification quantitative et qualitative des actes produits, les projets en cours, les outils utilisés. De nouveaux outils, s'ils peuvent être partagés, favorisent la synergie des échanges entre professionnels dont la répercussion traduit la coordination des interventions au profit des bénéficiaires. C'est le cas de la fiche sociale qui sera utilisée comme vecteur d'information non seulement pour l'équipe mais aussi à destination de l'information et du devenir du malade et de sa famille.

« *S'engager / Promouvoir l'initiative.* » Bien que l'espace de liberté soit essentiel pour favoriser la créativité, l'engagement personnel n'exclut pas, et même oblige, la diffusion du projet auprès des instances de direction pour obtenir leur aval. Outre l'aspect du respect de la hiérarchie, l'impact du soutien de l'ensemble du groupe professionnel manifesté par la direction avalise le projet en lui donnant une valeur ajoutée.

Les nouveaux concepts entrant dans le management passent comme dans l'entreprise par la possibilité de sous-traitance de la production. Cette convention formalise le partenariat entre les services sociaux hospitaliers et de polyvalence de secteur ou spécialisés qui interviennent en relais, à proximité des lieux de vie de la population. Mais aussi, la remise en cause de l'organisation des effectifs est utile dès lors que les variables de comptes d'heures travaillées fluctuent. Lorsqu'il y a perte par rapport à la dotation globale du temps de travail, la restitution des heures peut se négocier

Chaque responsable de service est porteur de la défense des intérêts de son groupe. Accepter de devenir des postes caméléons sans demander de compensation brouille le message de responsabilité. Enfin, identifier une dotation pour répondre aux besoins de santé d'une population ciblée implique l'élaboration et la conduite d'un projet adapté.

« *Participer / Respecter les individus.* » Si l'intérêt de toute discipline interagit sur la santé, comme dans l'entreprise, il est préférable de répondre à la commande directement passée par la personne qui y recourt. Lorsque le demandeur n'est pas le bénéficiaire, il y a peu de chance d'atteindre le résultat espéré. Ainsi la demande directe émanant du malade ne peut être déléguée au médecin. Chacun maintient l'attente des résultats escomptés.

L'aide au montage d'un projet de vie passe par l'identification, l'encouragement et le dynamisme. L'appui logistique requiert d'être transparent, l'appel au réseau permet de trouver des réponses de type emploi et vêtements, une fiche technique concourt à la visibilité.

Si les atouts professionnels s'appuient sur une part d'enthousiasme et de confiance, le respect de la citoyenneté est essentiel. L'individu a un avis souverain, le dernier mot lui appartient, même s'il s'écarte du projet poursuivi. L'enthousiasme ne doit pas masquer le réalisme qui, paradoxalement dans le champ hospitalier, met face à face le facteur temps limité pour un investissement personnel et l'insuffisance parfois le manque de relais logistique extérieur.

« *Adhérer / Considérer les individus.* » Le métier d'assistant de service social possède ses logiques d'intervention dont la vigilance et la force de conviction méritent d'être plus aiguës dans des situations de fragilité et de rupture. Un contrat d'adhésion au projet de vie est à passer avec le malade pour lui permettre d'y trouver son intérêt et de faire des efforts conséquents. S'il est tenu de mettre en place tous les moyens d'action à disposition du malade, il ne peut hypothéquer les résultats.

L'assistant de service social ne peut se taire sous réserve de cautionner des pratiques qu'il estime à la marge de l'intérêt des malades ou de certaines catégories de malades. Il lui appartient de dénoncer les dysfonctionnements, en réagissant à la pression morale exercée par les équipes hospitalières. Mais aussi il lui revient de raisonner avec les tenants de la discipline pour avertir en cas de difficulté, mettre en garde, en un mot alerter sur les prises de décision qui risquent de ghettoïser les citoyens malades. Ce niveau d'infra-droit le met en situation délicate vis-à-vis des décideurs internes.

Sa finalité est bien de prendre parti contre les injustices sociales. Lorsque l'égalité des traitements et des prestations est menacée dans l'organisation hospitalière, les réactions de l'assistant socio-éducatif sont justifiées dans le sens où elles viennent contrecarrer et contredire les pratiques. La priorité des intérêts et des enjeux vise le confort du malade et pas celui de certains groupes professionnels. Il est donc logique de remettre en cause les décisions prises et d'en discuter pour négocier un plan d'action plus adapté aux convictions sociales.

DU DEFI DE L'ACTION SOCIALE

La conclusion de cette première analyse suggère qu'au-delà des situations souvent inconfortables à cause des nombreuses tensions, la place des cadres socio-éducatifs est déterminante stratégiquement et conceptuellement.

Conseillers et non-décideurs dans l'institution, leur arme consiste à convaincre. Vaste défi qui ne peut être relevé qu'avec des outils. Convaincre en premier lieu consiste à amener des preuves pour reconnaître la vérité d'une proposition. Pour le responsable du service social hospitalier, il sera nécessaire de créer un concept, monter un projet, enfin proposer l'identification et l'élaboration d'une production. Il lui appartiendra ensuite de démontrer les raisons et la justification de son engagement avec les moyens qu'il se donne et ceux qu'il sollicite. Si l'aspect socio-économique n'est pas à négliger, il sait qu'il gagnera à l'utiliser et à faire valoir pour la collectivité l'économie gagnée grâce à l'utilisation de sa production. Négocier son concept, c'est aussi en connaître les limites.

Au-delà de la gestion et du management, les cadres socio-éducatifs devraient exercer leur sens politique, rester vigilant pour bien distinguer les enjeux et promouvoir une réflexion codisciplinaire sur le sens de l'action sociale globale mais aussi en particulier sur celle appliquée au niveau du champ d'intervention. Le sens et les valeurs de l'action sociale semblent secondaires dans le champ hospitalier dont l'objectif est d'assurer le traitement médical y compris à ceux qui viennent chercher refuge et assistance. Bien que l'assistant socio-éducatif soit agent institutionnel, son statut stipule qu'il ne doit pas s'enfermer dans l'institution et que son devoir est d'aider les patients et leurs familles, même s'il rencontre des situations conflictuelles, comme l'inadéquation d'une sortie par exemple. Il participe à défendre les droits des usagers.

Le rôle du responsable est donc de faire de telle sorte que la négociation des conflits se régule de façon positive et d'inculquer à toute son équipe, l'éthique de l'action sociale. Ces devoirs professionnels sont incontournables pour les cadres socio-éducatifs vis-à-vis des salariés et de l'organisation hospitalière qui les emploie mais aussi de l'ensemble du champ de l'intervention sociale.

Ces deux dernières décennies, le secteur de l'action sociale a été particulièrement confronté aux transformations économiques et culturelles de nos sociétés. A l'opposé, sorte de citadelle, l'hôpital est resté ancré sur la culture « scientiste » datant d'un quart de siècle, contribuant à radicaliser la dichotomie entre les repères médicaux et ceux de l'environnement. Continuant à dissocier le projet de soins du projet de vie du malade, l'hôpital a néanmoins pris conscience des effets délétères de la précarité et a ouvert des consultations finalisées pour cette catégorie de population.

Si l'hôpital a réussi à résister aux différentes crises économiques récentes, il aura vraisemblablement du mal à endiguer leurs conséquences sur le coût de la santé de la population. Son action, à visée publique, méritera une nouvelle définition, à terme, en adéquation avec l'action sociale. L'hospitalisation et l'action sociale occupent deux champs profondément séparés dans le milieu hospitalier et dans l'intérêt des malades et de leurs familles, un passage, une communication entre les deux est à construire et à tolérer. Avant de se connecter sur les réseaux extérieurs à l'aveugle, l'équipe hospitalière a la capacité de connaître et d'utiliser les réseaux d'interface de proximité.

A objectifs différents, une telle mosaïque de métiers hospitaliers risque de vouer les échanges à l'échec si les notions de complémentarité et de codisciplinarité n'interviennent pas dans l'intérêt d'apporter l'ensemble des énergies et des prestations au bénéfice du malade et de son environnement humain. De multiples spécialités interpénètrent les champs distincts dont la visée et le résultat rejoignent souvent le paradoxe. Utile, l'objectif des spécialités consiste à rendre lisible d'infimes parties dont les résultats demeurent entre les mains des spécialistes sans être nécessairement corrélés au bénéfice du malade. Or, ces résultats s'adressent et constituent la globalité du sujet citoyen malade. Une lecture généraliste et fédératrice des résultats s'impose, si elle n'utilise pas l'entière mise en commun de chacun, la spécialité ne joue pas son rôle et n'a de valeur que celle d'un électron libre.

L'objectif hospitalier, s'il s'intéresse à la recherche concourt néanmoins à l'insertion sociale du citoyen malade, sinon il négligerait une part essentielle de santé des individus et de la société. Dispensateur de soins de haute technicité, il ne peut faire l'impasse sur le projet de vie des malades, sinon la question du sens du traitement médical spécialisé se pose... A qui s'adresse-t-il : aux prescripteurs ou aux malades ?

DE LA DEONTOLOGIE : INDICATEURS PROFESSIONNELS

L'analyse de contenu élaborée à partir du Code de déontologie [40] mérite de rappeler qu'avant l'adoption de sa réactualisation en 1994, deux parutions en 1949 et en 1981 étaient témoins de la réflexion constante de l'Association nationale des assistants de service social sur l'évolution de la déontologie. Si le Code de déontologie témoigne d'une valeur prescriptive pour les actes du métier, il n'en a pas pour autant une valeur légale. Toutefois, ses indications ont permis de créer de nombreuses jurisprudences justifiant de fait son existence et la possibilité de s'en référer et d'y recourir.

Cette approche se rapporte au deuxième axe du concept d'intervention sociale cité plus haut, consistant à donner forme à la composition et à l'échange avec l'usager. Deux saynètes « Se renforcer / Mobiliser » et « Participer / Respecter les individus » mettent en scène l'action clinique, c'est-à-dire d'observation et de production, de l'assistant socio-éducatif hospitalier. Puisqu'il s'agit de recréer du lien social, de relier les individus entre eux, à l'hôpital et dans la société, l'intervention sociale d'aide à la personne est une démarche transversale qui articule deux approches individuelle et collective. Postulant que chaque individu a une place et un rôle dans la société, il s'agit pour le professionnel de considérer l'individu hospitalisé en qualité d'acteur central et de lui donner matière dans sa capacité à être sujet et à être partenaire des dispositifs qui le concernent, d'exercer sa citoyenneté.

« Se renforcer / Mobiliser »

Tout d'abord, la question de la confidentialité est posée. Elle entre dans les principes généraux et les devoirs stipulés par le Code de déontologie, à l'article 3 : « *L'établissement d'une relation professionnelle basée sur la confiance fait de l'assistant de service social un "confident nécessaire" reconnu comme tel par la jurisprudence et la doctrine.* » Ensuite, la

---

[40] Association nationale des assistants de service social (Anas), 15, rue de Bruxelles, 75009 Paris. Tél. : 01 45 26 33 79.

question de savoir de qui émane la demande, qui est ni plus ni moins la commande sociale, est primordiale. Elle amorce le déroulement de la production. Cela n'exclut pas toutes sortes de demandes de l'équipe hospitalière, médicale, administrative ou extérieures à l'hôpital, désignées communément signalements.

Le souci de la disponibilité implique de ne pas accepter d'être saisi du contenu de la demande dans l'urgence. Comme tout professionnel, l'assistant socio-éducatif hospitalier travaille sur rendez-vous. Il en va de la planification et de la gestion de ses activités. L'urgence est une notion médicale qui ne peut en aucun cas s'appliquer à l'intervention sociale sauf en matière d'enfance en danger. Le fait d'exprimer « *J'ai besoin d'être aidé* » atteste du constat de précarité ou de rupture du lien social par l'individu. Lorsqu'il échange sur son parcours chaotique, sa demande est manifeste, dans le cas contraire, elle est latente. Au décours de l'entretien, lorsque le professionnel reformule l'idée précédemment évoquée par l'usager, il provoque une stimulation destinée à favoriser le déroulement de l'expression.

En matière d'évaluation, trois constats ont été formulés par l'usager, la prise d'un repas par jour, le manque d'argent pour recevoir ses enfants et la gêne vestimentaire. Il revient au professionnel de sérier la priorité, sachant que l'adéquation des réponses relève de plusieurs montages de dispositifs et que le facteur temps ne lui en laissera pas l'opportunité.

L'article 10 l'énonce : « *Lorsqu'il intervient, l'assistant de service social procède à une évaluation aussi complète que possible avant de proposer une réponse à la demande formulée.* »

Travailler à l'hôpital recèle l'influence du lieu qui implique le soin. Si l'assistant socio-éducatif n'est pas soignant, il participe à la réinsertion sociale après la phase d'hospitalisation, qui n'est pas neutre sur le plan de la santé. Sa capacité d'abonder dans le registre de la prévention est mise en alerte. C'est pourquoi, la priorité est donnée à l'articulation entre l'outil de travail et toute répercussion délétère sur l'état de santé. Le critère de l'économie sociale entre dans les outils professionnels prioritaires. L'article 12 prévoit : « *L'assistant de service social informe les intéressés des possibilités et des limites de ses interventions, de leurs conséquences, des recours possibles. »*

Une synthèse des constats suivie de suggestions de production théâtralisent et confirment la spécificité du métier. Il s'agit d'atteindre un résultat manifeste qui s'ajoute au résultat latent dans lequel entrent l'écoute et la reconnaissance de la dignité de la personne. Le premier article du Code de déontologie traite de la dignité de la personne : « *Le respect de la personne fonde, en toutes circonstances, l'intervention professionnelle de l'assistant de service social.* »

Si la pratique professionnelle implique la matérialisation des corrélations des réponses, elle vise constamment la compétence. Le mini staff entre les deux collègues renvoie l'échange et le questionnement sur les actes. Il met en exergue le double contrat de confiance, entre collègues et avec l'usager, sans lequel toute production risque d'être neutralisée avant même d'apparaître.

La notion de compétence est définie dans l'article 9 : « *L'assistant de service social a l'obligation de compétence, c'est-à-dire : maîtriser sa pratique professionnelle et tendre constamment à l'améliorer – développer ses connaissances – être vigilant quant aux répercussions que peuvent entraîner ses interventions dans la vie des personnes et celle des institutions.* »

Le concept du temps n'est pas des moindres, il contient le temps prévu de l'hospitalisation, la durée sur laquelle l'assistant de service socio-éducatif peut s'appuyer pour démarrer sa production et la durée réelle de l'hospitalisation dont le terme peut toujours être anticipé. La rapidité de mise en route de l'action sociale est indéniablement une valeur ajoutée aux traitements, pour le bénéfice du malade.

Enfin le contrat présenté dans cette saynète s'achève par une signature. Même si la procédure est symbolique, elle affirme la valeur de production de l'acte social. Elle contient une forme d'engagement. De même que la fin du contrat mérite d'être annoncée, la collègue remplacée sera de retour et assurera la permanence.

« Participer / Respecter les individus »

En premier lieu le titre induit l'article 2 du Code de déontologie, s'intitulant de la non-discrimination : « *Dans ses activités, l'assistant de service social met sa fonction à la disposition des personnes, quels que soient leur race, leur couleur, leur sexe, leur situation, leur nationalité, leur religion, leur opinion politique et quels que soient les sentiments que ces personnes lui inspirent.* »

L'exemple de codisciplinarité traduit la pratique hospitalière habituelle. La consultation médicale peut induire la consultation sociale pour avis éclairé. Si la demande d'avis traduit la question de savoir si la valeur de la production d'acte social peut être ajoutée, elle n'exprime pas la formulation du bénéficiaire, même si elle la véhicule. La communication non verbale se manifeste à travers les attitudes et la tenue vestimentaire. Il est vrai qu'à l'hôpital les malades sont fréquemment habillés par l'AP-HP pour des raisons pratiques. En dehors de ces raisons, il est plutôt conseillé d'être vêtu normalement.

Dans l'entretien, la relance professionnelle n'est pas neutre. Elle a pour visée de stimuler la communication et la qualité de l'échange à partir desquelles l'usager présente s'il le souhaite sa place dans son schéma social, ses constats et sa capacité de se projeter. L'acte professionnel circonscrit par l'article 11 prévoit : « *L'assistant de service social doit rechercher l'adhésion des intéressés à tout projet d'action les concernant, en toutes circonstances et quelle que soit la façon personnelle dont ils peuvent exprimer leur adhésion.* »

L'évaluation professionnelle se bâtit à partir des constats évoqués par l'intéressé sur les chaos de sa trajectoire de vie. Sa parole est la seule prise *a priori*. C'est à travers l'échange duel que peut se dessiner un projet. Leur communication produit du sens et anticipe les scénario jouables par l'usager. Il reste toutefois le seul à pouvoir souscrire une option. D'où la nécessité de formuler le contrat de production et de mettre les cartes dans les mains de l'intéressé qui possède la décision souveraine en ce qui le concerne et qui a trait à sa vie privée.

Le hiatus pour la production d'acte social dans le contexte hospitalier, c'est le facteur temps. Comment envisager qu'en un seul entretien qui dure environ trois quart d'heure, soient ficelés à la fois une évaluation et un contrat ? Qui dit contrat dit passage à l'acte, l'étape du projet étant située au stade précédent. Communément, brûler les étapes signifie ne pas laisser le temps... Il ne s'agit pas d'un contrat d'achat d'une voiture, mais d'un contrat de production personnelle qui désengage d'un lourd passif et à la fois engage à redresser la barre, c'est-à-dire à faire des efforts pour vivre autrement...

Malgré les inconnues, la codisciplinarité stimule « qui ne tente rien n'a rien ». La synergie professionnelle est telle qu'elle alimente la dynamique de production de l'action sociale. Elle exerce son influence sur les réseaux, s'outille au maximum pour se donner les moyens d'atteindre les objectifs fixés en commun. Elle rassure et stimule l'usager pour le persuader que le défi lancé pour lequel il est soutenu personnellement et dans la logistique, peut être relevé. Inévitablement l'intéressé montre son attitude, trois quarts d'heure ne suffisent pas toujours à modifier le cours d'une vie. C'est lui qui a son mot à dire et qui a le dernier, même s'il semble en inadéquation avec le contrat formulé et auquel il a participé. Chacun s'est fait confiance, mais la confiance ne suffit pas, elle s'ajoute à d'autres ingrédients qui ont été absents de cet épisode. L'impasse ne peut être faite entre l'élucidation du projet de vie et l'investissement dans le changement.

Passer un contrat de production sociale requiert du temps qui se fractionne en quatre étapes : constat de difficulté, hypothèse de réponse à trouver, adhésion au projet listant les moyens et passage du contrat par la mise en route de la dynamique afin d'atteindre l'objectif fixé. Enfin, la question du passage du relais se pose. A qui passer la main pour apporter un accompagnement social au long cours à un individu qui n'a ni proches ni toit ?

Cette saynète reflète une situation rencontrée il y a une vingtaine d'années. Les questions qui se posent sont toujours d'actualité mis à part que dans les années quatre-vingts, l'assistant de service social avait encore la capacité de chercher et de trouver un emploi pour les patients hospitalisés en situation de précarité. Du fait de l'aggravation du chômage, cette capacité a disparu. Cependant, comme auparavant, la question du passage du relais se pose. A qui confier l'accompagnement social d'une personne isolée, à la dérive ? Quels relais trouver ?

L'article 13 stipule : « *Toute action commencée doit être poursuivie. L'assistant de service social doit faire le nécessaire pour éviter les conséquences fâcheuses qui pourraient résulter de l'interruption de son action.* » Cet article ne peut qu'être considéré comme un vœu pieux à cause du temps limité de l'hospitalisation. Il permet de poser la question du relais social à trouver, c'est-à-dire de la connaissance et de l'utilisation des réseaux.

A l'opposé, ne pas entreprendre d'action de production au motif de la limite de temps risque d'abîmer la capacité d'enthousiasme si nécessaire et rafraîchissante dans la profession d'assistant de service social qui, traitant constamment des désavantages, des disqualifications sociales, aurait plutôt tendance à engendrer de la mélancolie !

DU PHENOMENE DE REGULATION D'URGENCE

Alors que le Code de déontologie a servi d'outil de lecture, tous les articles du Code n'ont pas été utilisés pour permettre le décryptage des saynètes présentées. La réglementation juridique du secret professionnel est inscrite dans l'article 225 du Code de la famille et de l'aide sociale. L'article 4 du Code de déontologie prévoit : « *L'obligation légale du secret professionnel s'impose donc à tous les assistants de service social et étudiants en service social, sauf dérogations prévues par la loi.* » Il est aussi réglementé dans l'article 226-13 du nouveau Code pénal [41] qui stipule l'obligation pour les personnes astreintes au secret professionnel par état, profession ou fonction, de taire les informations à caractère secret, recueillies dans la pratique de leur fonction.

Si le secret professionnel garantit une relation de confiance entre le professionnel et l'usager, l'objectif vise à protéger l'espace de la vie privée en lui garantissant le respect de la confidentialité des informations qu'il confie à

---

[41] Schmidt-Kerhoas Valérie. – *Les travailleurs sociaux et de droit pénal.* Paris, Editions L'Harmattan, 1998.

l'occasion de la production d'un acte social. Quelques objections méritent d'être formulées. Les pratiques des professionnels sont prescrites en terme d'infra-droit, « l'assistant de service social doit ou ne doit pas », et non pas en terme de capacité à faire ou à contourner. A l'aube du XXIe siècle, le dogmatisme « le service social doit ou ne doit pas » n'a plus sa place. La corrélation des objectifs aux capacités et moyens est garante de l'efficacité du métier.

En matière d'obligation de l'employeur, le Code attribue au professionnel, par l'article 7, l'indépendance et la liberté encouragées par le volontariat, en cas de litige sur les conditions de travail « *pour décider de la poursuite ou de l'arrêt de son action* ». S'il n'est pas d'accord avec les conditions de travail mises à sa disposition, il a toujours le loisir de partir... Aucune jurisprudence ni aucun syndicat professionnel ne sont en mesure de soutenir cette alternative. Ecartant toute négociation, elle va à l'encontre de toute évolutivité. Il s'agit d'un emploi sanctionné dans le cadre légal par une formation et un salaire, voire par des concours d'accès, intégrés dans des cadres statutaires.

Il ne s'agit plus de bénévolat ou de volontariat, les deux niveaux ne peuvent plus être confondus au début du troisième millénaire. Si le Code de déontologie du service social n'a pas de valeur juridique, les professionnels ne peuvent que s'en réjouir dès lors que la protection contre le licenciement entre dans les dispositions prévues par le droit du travail, lequel préserve en outre des conditions d'exercice professionnel hors norme d'hygiène et de sécurité.

De même que le Code de déontologie ne prévoit pas le contrat d'obligation de mise en place de moyens sans obligation de résultats. Dès l'instant où la souveraineté de l'individu l'emporte, il a le pouvoir du dernier mot. En conséquence, il dispose du choix du résultat, le professionnel devant justifier de l'arsenal des moyens mis à sa disposition. Bien que la production d'acte social ne réponde pas à l'urgence mais davantage à la situation de crise, qu'elle requière de nombreux outils comme la compétence qui comprend surtout et avant tout la capacité d'évaluer la situation, des connaissances polyvalentes et approfondies, qu'elle soit circonscrite dans un Code de déontologie, lorsque les mutations techniques et culturelles bouleversent la société, le contrat d'obligation de moyens sans obligation de résultats se transforme en contrat d'obligation de moyens avec obligation de résultats. La crise sociétale transforme la production d'acte de régulation sociale en acte de régulation d'urgence. Déjà le concept du temps est omniprésent à l'hôpital. Rajouter de l'urgence signifie en quelque sorte apporter les premiers soins à la société malade, panser ses plaies. Les phénomènes sociaux sont médicalisés, tout au moins dans les signifiants.

Le service social à l'hôpital ne s'adresse plus seulement aux enfants, aux adultes jeunes ou âgés malades et aux familles comme l'histoire l'a montré, mais aussi à une population nouvelle particulièrement touchée, celle des jeunes démunis, des personnes isolées, des Rmistes, des sans résidence stable et des sans papiers... Confronté à la pauvreté, aux questions de solvabilisation, de surendettement vécues par ses usagers, le service social à l'hôpital est pris dans la sphère de régulation d'urgence qui se met en place. Il se plie peu à peu à l'aide d'urgence. Cette aide ponctuelle ne s'intègre pas dans un projet sauf pour prétendre à une domiciliation obligatoire, à l'aide médicale Etat permettant d'accéder à une couverture sociale et au revenu minimum garanti. S'il doit étendre son champ d'action pour apporter les réponses les plus adéquates, c'est en s'ouvrant au monde économique afin de favoriser l'insertion socioprofessionnelle. Ce défi dans la conjoncture socio-économique est de plus en plus difficile à atteindre. Sa mission d'interface ville hôpital est omniprésente, si l'action est entreprise à partir de l'hôpital, c'est pour pouvoir s'exercer dans la cité. Le citoyen malade partage la même culture et répond aux mêmes logiques que l'ensemble des citoyens.

Si le texte de loi contre les exclusions [42] prévoit que l'assistant socio-éducatif hospitalier est tenu de recevoir l'usager, l'hôpital ne peut plus le laisser partir sans lui assurer les soins de première nécessité et les soins de suite. Lorsque la durée moyenne de séjour sert de repère à l'hospitalisation d'un malade, quelle liberté est donnée à

---

[42] Loi n° 98-657 du 29 juillet 1998. *J.O.* du 31 juillet 1998.

l'assistant socio-éducatif pour enquêter, recevoir, organiser son travail et trouver des liens avec la ville ? Mais aussi quelle politique la ville envisage-t-elle de mettre en place pour que les soins de suite soient concrétisés ? Sinon quel en serait le sens ?

Du fait de séjour d'hospitalisation de courte durée et de la prise en charge de certains patients, l'assistant socio-éducatif est-il en mesure de refuser d'en prendre d'autres en charge ou de demander le report de la sortie au service hospitalier ? Ou bien vers qui orienter ? Quels sont les repères professionnels de l'action sociale ? Comment trouver un hébergement à quelqu'un signalé à dix-sept heures trente par exemple ? L'assistant socio-éducatif peut-il y répondre, va-t-il y répondre ? Dans quoi s'engage-t-il et avec quels moyens ?

DES ECHANGES COLLECTIFS

Plusieurs travaux de notre groupe de rédaction ont abouti du fait qu'il s'agissait d'une synergie collective, c'est-à-dire que chacune d'entre nous a préféré opter pour se réunir et mettre en commun ses énergies afin de créer un produit qui soit satisfaisant non seulement dans son achèvement mais dans son déroulement. Celui-ci, guidé par un calendrier et des objectifs communs a permis une adaptation de chacune au rythme du groupe. Si la cooptation est un maillon dynamique indéniable, elle repose sur plusieurs intérêts. L'essentiel étant de fixer ses objectifs et de se donner les moyens de rencontres et d'échanges qui permettent de les atteindre. Tout échange est porteur, porteur de rencontre, porteur de différence, de similarité, voire de projet commun donc de mise en commun de concepts, d'outils différents mais qui peuvent être complémentaires. La cooptation ne peut reposer que sur le volontariat. Il ne peut pas s'agir d'injonction dans le sens où il est difficile d'obliger des professionnels à travailler ensemble pour échanger des savoirs, des constats voire évoluer sur des projets. C'est la raison pour laquelle les projets transversaux dans les services hospitaliers ne sont pas légion.

La transversalité est une fenêtre ouverte sur les autres groupes professionnels qui constituent l'ensemble de l'organisation. S'ils sont des parties de l'organisation, ils sont concurrents dans le sens où ils peuvent faire pression pour obtenir des moyens supérieurs à ceux de l'ensemble. Mais aussi les rencontrer, partager ses connaissances, concevoir des objectifs communs et les poursuivre peut signifier leur prêter le flanc. C'est s'exposer, donner prise à la critique, risquer ses intérêts... Le corps médical s'en défend et se protège particulièrement, vraisemblablement par défaut de formation. Si dans la formation médicale, le cursus de santé publique n'est pas intégré, le relais entre médecins hospitaliers et médecins de ville n'est opérationnel qu'en mode de filière mais pas en mode de réseau. Le réseau accroît la notion de coveillance externe chez les praticiens hospitaliers. Pour rendre la transversalité opérationnelle, à la santé clinique s'ajoute nécessairement la santé publique. Le soin et la santé sont deux outils complémentaires toutefois différents.

Si la cooptation entre partenaires professionnels concourt à garantir la réalisation d'un projet collectif, transversal pour être représentatif, elle passe avant tout par la créativité. Il s'agit d'une expérience attractive et vivifiante qui contribue à influer sur la compétence par les apprentissages collectifs. Chacun apporte et reçoit quelque chose et la dynamique de partage et d'action évolue petit à petit jusqu'aux limites fixées. La compétence est un devoir prescrit par la déontologie, elle n'est ni plus ni moins la résultante de l'acquisition d'outils professionnels. Autant les praticien(ne)s que leurs responsables requièrent d'être vigilant(e)s sur ce point. Il est essentiel. L'outil a toujours permis à l'humain de s'adapter à l'environnement et à évoluer au niveau des techniques, de la culture, de l'économie et des conditions de vie. La compétence sans cooptation reste le parent pauvre dans le processus synergique.

C'est encore l'acquisition des outils qui permet l'adaptation des assistants socio-éducatifs et des cadres socio-éducatifs aux transformations du contexte social, institutionnel et socio-économique. L'hôpital est dans la ville et la ville est dans l'hôpital. Les règles sont les mêmes pour tout le monde et les chaos socio-économiques menacent potentiellement tout le monde. Personne n'est jamais à l'abri de rien. La compétence reconnue est désignée comme l'expertise. Lorsque des questions touchent le champ social, il est naturel de faire appel à l'expert afin de lui demander son avis éclairé. C'est la manière d'intégrer le cadre socio-éducatif dans l'institution, avec l'extension aux réseaux extérieurs. Partenaire ouvert sur l'extérieur, le cadre socio-éducatif atteste aussi de sa compétence à l'intérieur de son service par la gestion, l'organisation et le développement des ressources humaines. Soucieux d'amener de la créativité, les rencontres favorisent les échanges collectifs qui seuls, tracent la voie du futur. Les professionnels du social, comme tous les autres ne peuvent pas se permettre de travailler seuls, isolés dans leur coin. La conjugaison des savoirs, des expériences, des expérimentations en synergie rendra leurs efforts payants.

La définition de l'identité professionnelle des travailleurs sociaux justifie des rencontres, des échanges qui favorisent la mise en commun des outils et des procédures cliniques. Encore trop souvent, des assistants de service socio-éducatif éprouvent des difficultés à se départir du champ médical ou du champ soignant. Le champ hospitalier est avant tout celui de la santé. Si les malades viennent s'y faire soigner, c'est pour être soignés voire guéris et continuer à s'adapter au mieux à leur environnement familial, amical, professionnel ou d'activités dans la cité. Plus que jamais, la globalité du malade entre dans le discours des soignants mais au-delà du malade, c'est de l'individu citoyen dont il s'agit. L'objectif des staffs sociaux vise la réduction des incertitudes des désignations, des surprotections ou des abandons des usagers hospitalisés, en prise avec la maladie et/ou la dépendance, par la mise en commun des questionnements et des positionnements professionnels et interactifs.

Les situations rencontrées, perçues comme lourdes et épineuses sont présentées aux staffs appelés aussi les Arpej [43] sociaux où elles sont observées et discutées par l'équipe sociale afin d'obtenir des éclairages pluriels, issus des

---

[43] Revue *l'Action sociale*, « Assistantes sociales en milieu hospitalier : cap sur la réflexion stratégique ». *Idem.*

différents participants selon leurs connaissances, leurs expériences, leurs singularités et leurs sensibilités. La distribution des différentes compétences apportées aux malades et à leurs familles vise une évaluation sociale approfondie et experte, la cohésion du groupe professionnel à travers le développement des sentiments de confiance et de sécurité et l'amélioration des compétences individuelles par l'apport de chacun des membres du groupe. Sans cet espace de partage des pratiques, le soutien professionnel ne peut conforter les moments de défaillance et de fatigue de ses membres, les distraire de l'action permanente et chronophage, les écouter et les protéger. Il est non seulement le défi au rythme du quotidien assidu mais aussi le filet de sûreté tant souhaité et qui ne va pas de soi s'il n'est pas voulu et organisé. De fait, l'espace de partage des pratiques est un outil professionnel qui entre dans les échanges collectifs internes à la discipline.

Si la codisciplinarité est incontournable dans les échanges collectifs, elle se dote particulièrement à l'hôpital d'un nouveau concept sans lequel le malade ne bénéficie pas de toute l'exigence de qualité. Il s'agit de la coveillance. Outre la bienveillance à laquelle il oblige, la coveillance consiste à veiller, ensemble, à tout ce qui se passe dans l'intérêt de l'usager et de la communauté. C'est la synergie et la synchronisation du soutien social, des droits et des soins qui sont dispensés ensemble.

La coveillance engage autant à la confraternité témoignée entre tous les acteurs hospitaliers qui travaillent ensemble qu'à la non-discrimination des usagers, quel que soit leur trajectoire. Mais encore, coveiller intègre le respect de l'obligation de réserve et du respect du secret professionnel. La coveillance est à la fois interne et externe, le projet de soins et le projet de vie démarrent à l'hôpital pour être poursuivis en ville, l'inverse est aussi vrai. A partir d'un ensemble de combinaisons mais aussi d'inconnues, il s'agit d'intervenir pour évaluer l'évolution au temps « T » de l'hospitalisation ou de la consultation pour apporter les expertises professionnelles correctrices et adaptées.

Enfin, coveiller témoigne du respect porté aux autres acteurs extérieurs à l'hôpital comme les médecins libéraux, les infirmier(e)s à domicile, les associations de maintien à domicile et les organisations partenaires. Coveiller, c'est agir en relais, en réseau, c'est prévoir et organiser le suivi de la personne malade et vulnérable pour éviter de la mettre en échec par défaut de prévision.

Conclusion

A l'aube du XXIᵉ siècle, si nous avons souhaité faire un gros plan du service social hospitalier, c'est pour attester de sa présence, de sa pugnacité et de sa vitalité, malgré la crise des valeurs plus ou moins répandue dans notre société. Au-delà de la valeur symbolique, l'intervention sociale est un accompagnement productif pour l'individu et ses proches dans la mesure où, se réappropriant leur autonomie, ils s'insèrent à la fois dans la communauté et dans l'économie de marché, devenue dominante dans le mouvement de la mondialisation.

Traitant de l'évolution de la responsabilité à travers l'histoire du cadre socio-éducatif, le premier chapitre propose des recommandations. Le processus allant de l'état d'indigence à l'appropriation des droits soulève la question de la cohérence de l'organisation du service social dans la Fonction publique hospitalière. Cette situation d'indigence limite la responsabilité du cadre socio-éducatif, par carence, à la gestion du fonctionnement. Si les stocks matériels et financiers sont à gérer avec sérieux, la gestion des stocks humains n'est pas concevable tant au niveau du management de l'équipe que du traitement de la question sociale des usagers. L'humain est à la fois unique et variable, il n'est pas inutile de le préciser. Les aléas de parcours de vie concernent potentiellement chacun, les jeunes les désignent par le vocable « la galère ». Devenu générique, ce terme allusif à la guerre traduit bien qu'il ne s'agit pas d'un choix personnel mais d'un chaos dont l'individu devient captif à cause des bouleversements et des ruptures. Associer désordre et indigence correspond au cliché communément partagé « vouloir, c'est pouvoir ».

Le cadre socio-éducatif est souvent écarté du projet d'établissement voire de la responsabilité dans l'organisation de son service. Ce manque de cohérence à chaque niveau de l'organisation témoigne d'une volonté d'exclure des professionnels par trop dérangeants du fait de leur contestation de l'hégémonie.

A l'hôpital les logiques médicale et administrative dominent. Assimiler voire confondre le traitement de la question sociale sur le même mode que l'acte thérapeutique voile sa logique. Cette acception relève du désordre dans lequel les messages s'embrouillent, s'emmêlent, s'éparpillent et pose la question du sens de l'action. Identifier la synergie entre le traitement de la question sociale et l'acte thérapeutique au profit de l'individu malade ne signifie pas cloisonner les actions mais les pratiquer de façon complémentaire, synchrone ou asynchrone, c'est-à-dire de façon conforme au sens.

La médecine est un ensemble de techniques et de pratiques qui a pour objet la conservation et le rétablissement de la santé. Le socio-éducatif est un ensemble de techniques et de pratiques qui a pour objet l'insertion des individus et des groupes dans la société par leur autonomisation. La médecine et le socio-éducatif font partie des sciences humaines, l'une médicale, l'autre sociale, la première s'emploie au singulier, la seconde au pluriel. A entrées multiples, les sciences sociales s'édifient à partir de la sociologie, de la démographie, de l'histoire, de la géographie, des statistiques, de l'économie, de l'anthropologie, de l'ethnologie, de la psychologie ainsi que des politiques sociales. Holistique, le socio-éducatif présente des propriétés distinctes et répond à une problématique différente du médical et de l'administratif et a lui-même créé ses propres indicateurs d'appel.

Pour l'individu malade et pour les siens, si chacun joue à l'assistant socio-éducatif, la confusion s'installe. Identifier et reconnaître les missions et les rôles de chacun affirment leur territoire et évitent le désordre dont les conséquences peuvent entraîner chez des personnes vulnérables des altérations, des perturbations surajoutées et inutiles. Le désordre est à la fois l'absence de règles et le fait de ne pas les respecter. Cette rupture d'ordre, de discipline au sein d'un établissement public de santé témoigne de l'incohérence, cause d'indigence dès lors qu'elle est contraire à l'ordre et à l'organisation. Les résultats de l'enquête présentée dans la première partie ont montré l'absence d'organisation globale à l'AP-HP du service social hospitalier, avec un effet délétère sur son fonctionnement.

Entrant dans le référentiel de l'organisation de la prise en charge du malade et de ses proches définie par l'Agence nationale d'accréditation des établissements de santé, le service social hospitalier ne pourra plus être contourné à moins de s'affirmer ou de disparaître. Les objectifs de l'économie de la santé délèguent la prise en charge de la précarité aux hôpitaux. Les moyens en temps et en effectifs nécessaires au traitement de la question sociale pour définir des règles de fonctionnement ont été laissés à l'appréciation de chaque hôpital, selon sa conception de la précarité. Le service social hors norme par l'absence de règle du jeu dans l'échiquier hospitalier, s'il ne gagne pas en responsabilité d'organisation, lestera une partie de son territoire. Le respect de l'insertion des individus dans la société sera alors défini différemment soit en privatisant le domaine public, soit en proposant d'autres règles de jeu.

Le deuxième chapitre traduit le contenu de l'activité des responsables de service social et la part clinique des professionnels. La partition des huit saynètes reflète la comédie quelque peu satyrique. Les traits ont été grossis afin d'appuyer sur les remises en cause, les modifications et les nouvelles exigences de la politique hospitalière, elle-même vivante et mouvante. Le projet pédagogique et éducatif de notre ouvrage repose sur les jeux d'acteurs qui invitent vivement les écoles à développer la discipline artistique dans le programme du DEAS [44].

Le masque possède le pouvoir libérateur, il contient le symbole de l'identification. Les jeux d'acteurs permettent l'adaptation d'une gestuelle facilitant la compréhension des individus qui demandent à être reçus par les assistants socio-éducatifs et qui ont du mal à s'exprimer ou qui n'arrivent pas à le faire. Les jeux d'acteurs apportent une aisance corporelle qui confère un autre relief que celui de rester derrière ou devant le bureau. Ils génèrent la relation de confiance avec d'autres personnes en se réappropriant son corps à travers la distance et l'écart entre chaque acteur, selon les temps forts des saynètes. Par définition, les jeux d'acteur invitent à l'ouverture de la personne à l'autre, de

---

[44] Diplôme d'Etat d'assistant(e) de service social.

l'étudiant à un ou plusieurs autres étudiants, de l'étudiant au formateur, puis sur son lieu de stage au formateur terrain et aux usagers. Si le côté ludique réveille l'enfance, ce retour à l'enfance face à nos usagers plus ou moins désinsérés ne peut qu'interférer sur eux. Recevant de réels jeux d'acteurs alors qu'ils sont passifs et démunis, la rétroaction peut les faire entrer à leur tour dans une relation propice à un nouveau départ dans la vie. Notre finalité consiste à la fois à prévenir les pertes d'autonomie des citoyens et de leurs proches et à participer à leur restitution par leur réinsertion dans la cité.

Le troisième chapitre se compose d'un livret pédagogique dans lequel la rigueur du métier impose une lecture multiple du temps catapulté et déchiré en fonction des intérêts et des enjeux des différents acteurs. Le temps est un milieu indéfini où paraissent se dérouler irréversiblement les existences dans leur changement, les événements et les phénomènes dans leur succession [45].

La loi contre les exclusions prescrit l'intervention sociale d'urgence. Assimilerait-elle les assistants(es) socio-éducatifs(ves) à des intervenants inscrits dans le soin ? En quoi leur propose-t-elle la possibilité de définir une politique d'accueil et d'orientation réelle du citoyen malade ? De plus, elle renforce la pression déjà exercée sur l'assistant socio-éducatif par les médecins tenus de respecter la durée moyenne de séjour, veillant constamment à l'application de cette règle du jeu en s'agrégeant l'équipe soignante. Si le temps catapulté est la conséquence gestionnaire de la logistique hospitalière, l'utilisation de la pression sur le service socio-éducatif signifie qu'il lui est attribué un rôle économique non négligeable.

Le temps déchiré ou morcelé témoigne de la multiplicité de production d'actes simultanés par le service socio-éducatif, il l'assimile à Shiva, princesse indienne pourvue de bras multiples... Souvent l'assistant socio-éducatif a l'impression de faire « trente-six choses à la fois », certes la sollicitation est importante, de nombreuses demandes et commandes lui sont adressées mais possède-t-il les outils adéquats pour en assurer le traitement ?

---

[45] *Le Petit Robert,* dictionnaire de la langue française. Paris, juin 1996.

L'outil informatique dont la qualité est de traiter des quantités en un temps record est encore loin d'être installé dans tous les bureaux des assistants socio-éducatifs. Les directions n'ont pas reconnu la justification de les pourvoir en outils efficaces alors que l'économie en efforts, en temps et en espèces sonnantes et trébuchantes est évidente. Des réseaux de relais et de coveillance internes et externes pourraient être définis, organisés et connectés. Si la mutation technique est une promesse de changement dans la production d'actes sociaux, elle requiert une formation adaptée et continue, il s'agit du prix de la gestion du temps.

Deux autres caractéristiques du temps organisent la production d'acte social, la longueur et le rythme. La longueur est une constante de chronométrie et de chronologie qui se retrouve lors de l'élaboration de projets. Il faut non seulement du temps mais aussi permettre au temps d'agir. De la même manière, le rythme est ternaire, il s'articule autour de l'adaptation à la cadence de l'organisation hospitalière, de l'harmonisation de l'acte professionnel et surtout du rythme du citoyen malade dans l'interaction avec son environnement. Le rythme oppose le temps abstrait au temps réel, au temps vécu. L'équilibre vise à trouver le temps partagé pour garantir la qualité du traitement de la question sociale. Dans toutes les fonctions du service socio-éducatif, le lien social est le fil conducteur. A connotation éducative dans l'optique de l'autonomie, ses fonctions participent à défendre les droits des usagers par la mise en exergue du concept du temps sans cesse rappelée. Ce concept présent en permanence atteste que le travail d'action sociale est réalisable dès lors qu'il est pris en compte, il est constamment incontournable.

Ne s'inscrivant pas dans l'urgence, la production d'acte social est liée à une situation de crise face à laquelle les moyens prévus par l'action sociale seront mis en place. Si l'adaptation des moyens est recherchée activement, elle se différencie toutefois de l'obligation de résultats. Or, la crise socio-économique transforme la production d'acte de régulation sociale en acte de régulation d'urgence avec des résultats. Ce paradoxe lié aux prescriptions médicales et économiques ne tient pas compte de l'individu dans son environnement. Les usagers de l'établissement public de santé ne sont plus seulement des enfants, des adultes jeunes ou âgés, des familles, mais des jeunes toxicomanes, des squatters, des sans résidence stable, des Rmistes, des personnes insolvables et des étrangers sans papiers...

Comment le service social hospitalier peut-il répondre face à l'aide d'urgence ? Il est totalement dépendant de la régulation sociale organisée dans la cité et par la cité. Comment favoriser la continuité des soins lorsque les droits des usagers nécessitent plusieurs semaines avant d'être régularisés par les instances de référence ? Comment réinsérer un citoyen à la dérive, sortant de l'hôpital dans la cité sans moyens logistiques accessibles ? L'hôpital est dans la ville et la ville est dans l'hôpital.

La libre circulation de l'information est à l'ordre du jour, Internet en est le témoin prôné par la haute technicité et les publicités. De façon plus prosaïque, si cette injonction est omniprésente toujours et partout, c'est qu'elle résiste à la concrétisation, à la mise en place. Pour s'organiser, la libre circulation de l'information requiert des échanges professionnels collectifs et transversaux. Déjà dans l'hôpital, la mise en commun d'informations ne peut aboutir qu'à une meilleure connaissance du malade et de son environnement favorisant une prise en charge synergique.

De l'hôpital vers la ville et réciproquement, les échanges sont porteurs de rencontres, de connaissances, d'informations. La coveillance en est la dynamique manifestant la volonté de chaque professionnel de santé à participer dans la confraternité et dans le respect des individus et des règles. Coveiller est indissociable de la libre circulation de l'information. Il est fréquent qu'à partir d'une problématique d'organisation de retour à domicile d'un malade, l'assistant de service social prenne tous les contacts avec le médecin libéral, l'infirmière, le fournisseur médical, les associations d'aide à domicile et le service social spécialisé Cramif. En soins palliatifs comme en gérontologie, des enquêtes ont démontré que plus la sortie de l'hôpital est organisée en amont, moins les risques existent de réhospitalisation précipitée et inopinée par échec du maintien à domicile.

En clair, si la coveillance engage tous les professionnels de santé à mettre leurs informations, leurs prestations en commun et en synergie, elle s'inscrit dans les règles d'organisation et de planification des actions au bénéfice des usagers de l'hôpital, citoyens dans la cité. Beaucoup de professionnels de santé s'intéressent de plus en plus à l'éthique, devenue un espace à la mode. Encore ne faut-il pas oublier que l'éthique dans les hôpitaux, de façon pragmatique, commence par le respect des individus malades et de leur rythme et par la volonté de leur apporter en plus du mieux-être, la qualité de toutes les prestations existantes dont ils peuvent bénéficier. L'adhésion aux comités d'éthique devrait rendre les professionnels plus conscients de la participation nécessaire des usagers à leur santé.

Porteurs de projets à visée opérationnelle, les cadres socio-éducatifs pratiquent la négociation à défaut d'avoir accès au pilotage comme l'enquête l'a démontré. Pour les différentes raisons exposées dans le chapitre premier, pratiquant les politiques d'organisation basées sur des priorités, les directions répondent partiellement ou pas du tout aux attentes du public et des cadres hospitaliers.

L'incidence du politique et de l'économique sur l'organisation des établissements publics de santé conduit les directeurs à appliquer des règles de fonctionnement locales. Les services hospitaliers dont le service socio-éducatif sont tenus dans la sujétion aux priorités arrêtées par les directions, elles-mêmes appliquant les orientations des plans stratégiques. L'éventail des objectifs des services est relégué non pas à la faisabilité mais à l'arbitraire des priorités ; quelles sont les limites à ne pas dépasser pour qu'ils en conservent leur sens ? Le service social hospitalier ne peut progresser de l'état d'indigence à l'appropriation des droits qu'en redevenant un contre-pouvoir par la réintégration du facteur humain associé à toute technologie. Néanmoins comme le facteur humain est variable, changeant, incertain et instable, le service social hospitalier se confronte et se heurte en permanence à l'objectif dominant lié à l'économique, c'est-à-dire à ce qui est techniquement quantifiable.

Depuis 1980 les réformes des diplômes d'Etat des assistants de service social se succèdent en accentuant à la fois la baisse de reconnaissance du temps de formation et de salaire. D'une durée de trois ans la formation est validée à deux ans.

Une année correspond à onze mois de formation en institut de travail social alors qu'une année de cycle universitaire est de sept à neuf mois. De ce fait, il y a une double dévalorisation. La grille indiciaire d'un assistant socio-éducatif jouxte celle d'un(e) secrétaire médical(e). Pour exécuter les injonctions ministérielles et hospitalières en dehors de l'utilisation d'outils socio-éducatifs une formation de médiateur de santé est en cours à l'AP-HP. Un département de Santé publique expérimente ce nouveau concept. Cette nouvelle fonction sera-t-elle assujettie aux mêmes règles déontologiques que celles du service socio-éducatif ?

Après la crise pétrolière et la montée du chômage, le politique n'a plus reconnu aux services socio-éducatifs la fonction de contre-pouvoir garant de l'égalité et des règles républicaines. Les fonctions publiques et les collectivités locales ont peu à peu abandonné l'application des politiques sociales et leur gestion aux associations pour jouer la concurrence. Les associations seront-elles à terme en mesure de supporter le coût du recrutement et de la formation, le coût de la gestion des employés, le coût des services d'accès au public ? Les associations ont beaucoup critiqué la démarche éducative en préférant le « tout, tout de suite » néanmoins factuel et factoriel. Du fait des promesses d'obtention de résultats immédiats notamment liés à la précarité, de l'argent est distribué, « point barre ». Pourquoi s'encombrer d'une approche socio-éducative considérée comme ringarde alors que « prends l'oseille et casse-toi » correspond au factuel ? Pour les associations, pourquoi entreprendre un travail sur le projet de vie qui engage des investissements en temps, en énergie, en affect et en formation, qui ne leur donneraient pas l'assurance de résultat quantitatif et immédiat ?

Comptant en partie sur le bénévolat, les associations se spécialisent, se multiplient et se cloisonnent perdant toute traçabilité à tel point qu'elles interagissent en concurrence parcellisant leurs prestations. Fonctionnant comme des petites et moyennes entreprises, elles font appel aux dons publics et privés, c'est le cas des Restaurants du cœur, du Téléthon et des autres grandes causes comme la tempête, les inondations, le cancer, la lèpre, la mucovicidose et l'enfance maltraitée. Paradoxalement l'appel au mécénat se transforme en appel à l'aumône, à la charité collective, l'image vend la nouvelle vertu théologale au nom de l'amour du prochain...

Si des oppositions ne contrecarrent pas les volontés technocratiques, des réponses socio-économiques clonées supplanteront l'accompagnement socio-éducatif individuel et singulier. La multiplication des textes réglementaires l'atteste en matière de politiques sociales. Quelques *scenarii* basés sur le prix de revient de prestations commencent à poindre. Ils correspondent à des prescriptions généralistes codées qui occultent l'originalité de la situation sociale de l'individu. L'exemple suivant quelque peu surréaliste fait frémir : à cause d'une année d'impayés de loyers consécutifs à son licenciement un individu et sa famille se retrouvent sans domicile. Associée au générique précarité, la prescription législative se corrèle au revenu minimum d'insertion. Pour ce faire, la domiciliation obligatoire est demandée à une association. Qu'importe si l'individu et sa famille dorment dans la rue et continuent de galérer, ils bénéficient de ce que de droit. Conforme à la réglementation, cette réponse fait prévaloir l'aspect technique au détriment des conséquences sociales et humaines. A terme, qui empêcherait des informaticiens et des politiciens d'établir des codes à choix multiples d'expédients de ce genre ? Même si l'exemple donné relève encore d'une pure fiction, beaucoup de technocrates en rêvent. « Il n'y a pas de problème, il n'y a que des solutions. »

De l'état d'indigence à l'appropriation des droits engage les cadres socio-éducatifs et les assistants(es) socio-éducatifs(ves) à accepter le jeu de l'ordre et du désordre comme une problématique à chaque fois différente parce que sans cesse changeante comme les acteurs qui la pratiquent. Entrer dans le moule d'obéissance de la prescription ne peut être considéré comme scientifique du fait de l'absence de problématiques et d'hypothèses spécifiques. Il s'agirait d'obéir à de l'arbitraire annihilant toute adaptation, toute créativité... Ce comportement irait à l'encontre de la théorie de l'évolution. Les prescriptions technocratiques fondées uniquement sur le jeu des questions-réponses figent les situations individuelles et collectives en empêchant toute évolution.

L'identification des conditions virtuelles des règles d'organisation et de fonctionnement du service socio-éducatif à l'hôpital commence à faire réagir ses responsables. Ne disposant pas de règles de jeu, ils s'aperçoivent qu'ils ne peuvent pas être acteurs. En état d'indigence, leur défi consiste à faire s'exprimer les responsables de la Fonction publique hospitalière sur les marges de manœuvre pouvant leur être reconnues tant que leur statut est maintenu.

Les perspectives d'avenir sous-tendues par l'accréditation indiquent les repères constitués par les référentiels basés non pas sur la prise en charge individuelle mais sur celle d'une communauté de malades. Permanent, le concept de coveillance est en congruence avec la mutabilité des services publics. Du fait du principe de mutabilité, les recommandations induites par l'analyse des pratiques, linéaires et immédiates, deviennent obsolètes dans le paysage européen.

Trop d'enjeux importants commencent à alimenter la mutabilité du service public des « régions » de la jeune Europe, quelle qu'en soit la nature, éducation, santé, sécurité, transports. Du fait des certitudes passées et des nouvelles marges d'incertitude, l'alchimie ne peut plus renvoyer une image plate et linéaire. Elle se transmute en une image holographique, dans laquelle la prospective est un vecteur stratégique. Avant l'Europe, la santé publique était considérée comme un service public d'intérêt général avec des prestataires publics et privés se côtoyant dans une mixité réglementée. Entrant dans une logique commerciale et marchande, la modification du service public s'opérera probablement par son transfert à des prestataires privés gérés par une réglementation européenne standardisée. La conception européenne de la santé entraînera vraisemblablement un recul de la politique d'intérêt général suivie par la France. Préconisant à la fois la liberté du travail et des échanges et le libre jeu des initiatives individuelles et de la concurrence, la voie du libéralisme adoptée pour pérenniser les services d'intérêt général sera ancrée sur l'échange maussien du don et du contre-don, c'est à dire sur les interactions contribution, rétribution. Le système de gratuité sera relégué à l'histoire ancienne liée à l'interventionnisme de l'état. Les assurances privées prendront le relais des assurances sociales.

Des minima sociaux communautaires seraient déterminés pour la population atteignant les marges de la société. Le service social muterait à son tour pour adopter la conception libérale qui prévaut déjà dans certains pays occidentaux. Il suivrait la même logique marchande tout en adaptant sa spécificité. L'accompagnement socio-éducatif pourrait rester un choix individuel et privé. L'usager deviendrait client. Le socio-éducatif resterait une discipline holistique guidée par le respect de l'éthique circonscrit dans un code déontologique reconnu. Il n'aurait pas de mal à jouer la concurrence avec les associations dès lors que leurs conceptions diffèrent et que leurs objectifs divergent.

Les résultats de l'enquête sur la responsabilité du cadre socio-éducatif à l'AP-HP suivent la logique de la sociologie de l'organisation hospitalière et les recommandations qui en découlent se révèlent synchrones et linéaires. Elles ne tiennent pas compte de la congruence de la mutabilité économique des outils de santé et de la nécessaire vision holographique. Basée sur la coveillance, la nouvelle stratégie communautaire de santé répondra à la souveraineté européenne. D'une durée de vie d'une dizaine d'année, tout statut devient obsolescent par nature, il subit l'influence des changements. Le statut régissant les professions de cadre socio-éducatif et d'assistant socio-éducatif n'échappe pas à cette règle.

Si l'hypothèse prospective libéralise la pratique de l'assistant socio-éducatif, elle situe celle du cadre socio-éducatif dans des délégations communautaires intégrées dans les missions de santé publique. Dans le sillage de l'accréditation des établissements publics de santé, un nouveau statut de cadre socio-éducatif devrait étendre son expertise aux problématiques socio-collectives et communautaires. En capacité d'examiner les champs socio-éducatifs dans les montages des dossiers, le cadre socio-éducatif serait membre, au même titre que les administratifs et les représentants des médecins, des conseils d'administration des établissements publics de santé, des commissions de l'Agence régionale de santé et de l'Agence européenne de santé publique.

Plaque tournante, l'hôpital du troisième millénaire n'abritera plus les malades, sauf exception. Il prodiguera de plus en plus les soins en ambulatoire pour devenir un outil de santé concurrent sur le marché. Seuil fixé par les assurances privées pour accorder le financement, l'indicateur de temps prédominera. De fait, le traitement de la question sociale serait transféré à la société civile. L'aval de la prise en charge des soins serait prédéterminé par des circuits codés qui correspondraient à des situations répertoriées. Les médiateurs de santé seraient les exécutants des orientations sanitaires. En amont, ils distribueraient les adresses des libéraux et des associations pour traiter l'accès aux soins et l'accès aux droits. En plus de ses attributions de conseiller éthique et d'expert, le cadre socio-éducatif gérerait les flux de l'équipe de médiateurs de santé pour contribuer à assurer la rentabilité du plateau technique.

 A l'instar des aventures de « *Harry, un ami qui vous veut du bien* », il n'y a pas de problème, il n'y a que des solutions. Ce scénario passera-t-il de la fiction à la réalité ? Dans un premier temps, le service social hospitalier propose ses recommandations pour passer de l'hétérogénéité à la cohérence. A terme, seul, il ne peut pas combattre, il s'adaptera au changement. La coveillance sociétale jouera-t-elle la carte de l'inégalité, source d'acceptation des différences et non l'inverse ?

Lexique
(Définitions recueillies dans le *Morfaux*.)

Acquisition : fait d'arriver à posséder une habitude, des connaissances. Temps d'acquisition.

Action : activité d'un être dont il est expressément cause et par laquelle il modifie soit son entourage physique ou humain, soit lui-même.

Adéquation : correspondance exacte.

Appropriation : action de s'approprier une chose, d'en faire sa propriété.

Arbitraire : du latin *arbitrarius*, qui dépend de la seule volonté (libre arbitre), n'est pas lié par l'observation de règles. Qui ne dépend que du choix ou de la décision libre des hommes.

Autonomie : du grec *autonomos*, qui se régit par ses propres lois. Le principe de l'autonomie est de toujours choisir de telle sorte que les maximes de notre choix soient comprises en même temps comme lois universelles dans ce même acte de vouloir. Droit pour l'individu de déterminer librement les règles auxquelles il se soumet. Autonomie de la volonté.

Autorité : du latin *auctoritas*, de *auctor* qui augmente ; qui augmente la confiance, garant ; modèle, autorité. « *Le mot et la notion d'autorité nous viennent de la pensée romaine. Auctor, c'est celui qui soutient une chose et la développe ; auctoritas, c'est la force qui sert à soutenir et à accroître.* » Jaspers. – **1.** Droit au pouvoir légal sous une forme institutionnalisée, de commander, puissance (...) l'une inspire le sentiment de respect, l'autre celui de la crainte. « *On défère à l'autorité, on cède à la puissance. L'autorité se rapporte davantage à la dignité, la puissance à la force.* » Lafaye. –

2. Ascendant moral du maître grâce auquel il est obéi sans avoir à invoquer son droit de commander. – **3.** Argument d'autorité, proposition ou doctrine fondée sur la valeur intellectuelle ou morale, sur le prestige d'un homme, opposé aux arguments qui se tirent d'une démonstration logique ou rationnelle, ou de l'expérience bien établie. Souvent employée péjorativement, exemple, invoquer l'autorité d'Aristote, c'est faire appel à l'argument d'autorité (*Magister dixit,* le maître l'a dit).

Changement : du bas latin c*ambiare,* échanger, troquer. Mouvement chez Kant « *mode d'existence qui succède à un autre mode d'existence du même objet. Tout ce qui change est donc permanent et il n'y a donc que son état qui varie* ».

Chaos : du grec *chaos,* gouffre, abîme. Tout état de désordre par rapport à l'ordre.

Citoyen : du latin *civis,* citoyen, concitoyen, qui jouit des droits propres aux membres d'une cité ou d'un Etat. Individu habitant une cité et jouissant du droit de la cité, c'est-à-dire des privilèges reconnus à ses habitants.

Collectif : du latin *collectivus,* de *colligere,* lier ensemble, réunir, rassembler. Ce qui est commun à un nombre fini d'individus et une propriété du groupe.

Concept : du latin *conceptus,* action de contenir, pensée, de *concipere,* contenir, admettre dans sa pensée. Concevoir. Idée abstraite et générale, résultat de l'opération par laquelle l'esprit isole de certaines réalités données dans l'expérience un ensemble dominant et stable de caractères communs qu'on désigne ordinairement, en les généralisant, par le même mot et l'activité de la pensée qui forme le concept est dite conceptuelle.

Congruence : du latin *congmentia,* accord, conformité, de *congruere,* se rencontrer, étant en mouvement, concorder. Propriété de deux figures d'être superposables.

Convaincre : du latin *convictio,* de *convincere,* prouver victorieusement. Obtenir de quelqu'un à l'aide d'arguments ou de preuves rationnelles la reconnaissance de la vérité d'une proposition ou de l'obligation d'un acte.

Créativité : de l'anglais *creativness,* néologisme construit sur le modèle de productivité par rapport à la production. Capacité et méthodes pour trouver des idées originales ou des solutions neuves.

Déontologie : du grec *deon,* ce qui convient, et *logos* science : science de ce qu'il faut faire. Code moral des règles propres à une profession.

Dépendance : le fait de dépendre pour une personne de quelqu'un ou de quelque chose. Asservissement, assujettissement. Etre sous la coupe, sous l'empire, sous le joug.

Différence : du latin *differentia*, de *differre*, intransitif : être différent. Rapport d'altérité entre des choses qui ont des éléments identiques. *« On appelle différent ce qui est autre chose tout en étant le même à certain égard, non seulement le même numériquement, mais en espèce, en genre, en analogie. »*

Education : du latin *educare*, élever, former. Recherche et mise en œuvre des méthodes et moyens propres à développer certaines capacités particulières.

Egalité : du latin *æqualitas*, égalité de *æquare*, aplanir, rendre égal à. Principe selon lequel tous les individus sont égaux devant la loi, c'est-à-dire sont tenus par les mêmes obligations légales et jouissent des mêmes droits civils.

Empathie : du grec *empathéia*, passion, de *pathein*, sentir, et en, intérieurement. Dans les sciences humaines, attitude envers autrui caractérisée par un effort de compréhension intellectuelle de l'autre, excluant tout entraînement affectif personnel et tout jugement moral.

Ethique : du grec *ethikos*, qui concerne les mœurs, *ta esthé.* – **1.** Partie de la philosophie qui a pour objet les problèmes fondamentaux de la morale (fin et sens de la vie humaine, fondement de l'obligation et du devoir, nature du bien et de l'idéal, valeur de la conscience morale...). L'éthique est une discipline systématique correspondant à la morale théorique et souvent liée à une recherche métaphysique par quoi elle se distingue de la morale pratique ou appliquée. – **2.** Conception ou doctrine cohérente de la conduite de la vie.

Gratuité : du latin *gratuitus*, sans motif, gratuit de *gratia* : grâce. Qui est donné sans contrepartie.

Holisme : du grec *holos* : qui forme un tout. Biologie sociale : se dit de toute conception d'après laquelle le tout (organisme, société, etc.) a des propriétés distinctes de celles de ses éléments constitutifs, ce qui requiert en conséquence une étude globale.

Holographie : méthode d'enregistrement et de reproduction des images en trois dimensions, utilisant les interférences de deux faisceaux laser.

Hypothèse : du grec *apothésis*, action de peser, *thésis*, dessous, *upo* : transcription latine : *suppositio*. Proposition ou ensemble de propositions qui constituent le point de départ de la démonstration.

Indigence : état d'une personne indigente, qui manque des choses les plus nécessaires à la vie. Besoin, détresse, misère, pauvreté, privation, manque.

Individu : du latin *individuus*, indivisible, dérivé de *deridere*, diviser, traduit du grec *atomon*, chose indivisible matériellement, puis objet de pensée sans parties. Etre vivant indivisible circonscrit dans l'espace, doué d'une unité intérieure et d'une solidarité fonctionnelle entre ses parties constituantes et jouissant d'une relative autonomie par rapport au milieu ambiant ; par rapport aux autres individus de la même espèce qui possèdent tous les caractères communs qui la définissent, l'individu est une réalité unique et singulière.

Incertitude : relations selon lesquelles on ne peut en microphysique déterminer à la fois la position et la vitesse d'un corpuscule, d'où cette conséquence que l'état futur d'un système ne peut être prévu qu'en termes de probabilité et de déterminisme statistique.

Management : néologisme de l'américain, dérivé de *manager*, qui gère une affaire ou une entreprise. Substitution dans les entreprises industrielles à une direction purement hiérarchique et autoritaire d'une autorité fonctionnelle, c'est-à-dire d'une organisation et d'une gestion où les réalités humaines sont prises en considération autant que les réalités techniques et administratives, l'entreprise étant *« formée d'un réseau de groupes et de valeurs humaines, le directeur ne peut plus fonder son action sur le seul rationalisme économique et doit dépasser la recherche brute du profit pour celle d'une coopération efficace entre tous les groupes »* (Alain Touraine).

Mutabilité : caractère de ce qui est sujet au changement.

Personne : du latin *persona*, désignant le masque des acteurs - *personare :* résonner au travers et, par suite, l'acteur lui-même ; rôle, caractère, personnage, individualité, personnalité. Dans la ligne de Kant et de la déclaration des droits de 1789, la notion de personne, entendue comme respect et dignité de la personne humaine en chaque homme et comme valeur absolue avec toutes les conséquences juridiques, morales, politiques et économiques qu'elle implique.

Plus-value : de la doctrine de Marx : la force de travail d'un ouvrier est la seule valeur d'usage capable de multiplier la valeur.

Problématique : du grec *problématikos*, caractère d'un jugement ou d'une proposition qui exprime une simple possibilité, c'est-à-dire qui peut être vraie, sans que l'affirmation ou la négation soit établie avec certitude.

Problème : du grec *problema,* saillie, promontoire ; obstacle ; sujet de controverse, problème de *probabellein,* jeter devant. Désigne toute question critique soit d'ordre spéculatif soit d'ordre pratique, ayant pour objet d'examiner la portée et la valeur tant des connaissances humaines que des activités individuelles ou sociales.

Prospective : du latin *prospectio* et *prospicere :* regarder au loin en avant. Science humaine appliquée qui consiste « *à juger de ce qu'aujourd'hui nous sommes à partir de l'avenir au lieu de faire la démarche inverse* ». Anticipation à long terme des situations qui pourraient découler de leurs influences conjuguées.

Respect : du latin *respectus,* action de regarder en arrière, *respicere,* considération, égards. Chez Kant, sentiment moral spécifique, distinct de la crainte, de l'inclination et des autres sentiments, qui ne provient pas comme eux de la sensibilité mais qui est un produit de la raison pratique et de la conscience de la nécessité qu'impose la loi morale. En conséquence, la personne ou être raisonnable, l'homme en particulier doit toujours être considéré en même temps comme une fin en soi et jamais simplement comme un moyen, ce qui vaut aussi bien pour sa propre personne (respect de soi) que pour celle d'autrui.

Responsabilité : du latin *respondere,* répondre ; être digne de, à la hauteur de. Solidarité de la personne humaine avec ses actes, qui s'en reconnaît l'auteur et qui, eu égard à leur intention, en assume le mérite et le démérite, ce qui implique donc conscience et liberté chez l'agent ; elle est la condition préalable de toute obligation réelle ou juridique.

Rythme : du grec *rythmos,* mouvement réglé et mesure. Alternance périodique introduisant un ordre dans le temps réglant les mouvements de la musique, la danse, la poésie récitée ou chantée.

Singularité : du latin *singularis,* unique, seul. Qui désigne ou représente un individu. Qui s'applique à un sujet unique.

Synergie : du grec *sunergia,* coopération de *sun,* avec et *ergon,* travail. Association dynamique de plusieurs fonctions pour la production d'un résultat d'ensemble.

Stratégie : du grec *strategia,* art de celui qui dirige, *agein,* une armée, *stratos, strategos.* Analogie avec l'art militaire de la guerre, choix dans la théorie des jeux tactiques susceptibles d'atteindre à la meilleure efficacité : « *ensemble cohérent des décisions que se propose de prendre un agent assumant des responsabilités face à diverses éventualités qu'il est conduit à envisager, tant du fait des* *circonstances extérieures qu'en vertu d'hypothèses portant sur le comportement d'autres agents intéressés par de telles décisions ».*

Technocratie : néologisme du grec *techné,* technique et *kratos,* force, domination. Pouvoir de fait exercé dans le domaine politique ou par les hauts fonctionnaires d'un Etat ou par « l'état-major » d'une grande entreprise.

Bibliographie

AUBY (Jean-François). – *Les services publics en Europe.* Paris, Editions Presses universitaires de France, Collection Que Sais-je ?, 1998.

BAUDRILLARD (Jean). – *Pour une critique de l'économie ; politique du signe.* Paris, Editions Gallimard, 1992.

BOUQUET (Brigitte) et GARCETTE (Christine). – *Assistante sociale aujourd'hui.* Paris, Editions Maloine, 1998.

BRUCKNER (Pascal). – *L'Euphorie perpétuelle ; Essai sur le devoir du bonheur.* Paris, Editions Grasset et Fasquelle, 2000.

Cabot (Richard C.). – *Essais de médecine sociale - La fonction de la visiteuse à domicile.* Paris, Editions Georges Cres et Cie, 1919.

CAILLOIS (Roger). – *Les jeux et les hommes ; le masque et le vertige.* Paris, Editions Gallimard, 1967.

CLOSETS (François de). – *Toujours plus.* Paris, Editions Grasset, 1982.

COMTE-SPONVILLE (André). – *Le mythe d'Icare ; traité du désespoir et de la béatitude.* Paris, Editions PUF, 1984.

CROZIER (Michel). – *Le phénomène bureaucratique.* Paris, Editions Le Seuil, 1963.

CROZIER (Michel) et FRIEDBERG (Erhard). – *L'acteur et le système ; les contraintes de l'action collective.* Paris, Editions Le Seuil, 1977.

CROZIER (Michel). – *L'entreprise à l'écoute ; apprendre le management postindustriel.* Paris, Interéditions, 1989.

DELEUZE (Gilles). – *Logique du sens.* Paris, Editions de Minuit, 1989.

DEVEREUX (Georges). – *De l'angoisse à la méthode.* Paris, Editions Flammarion, 1980.

DONZELOT (Jacques). – *La police des familles.* Paris, Editions de Minuit, 1977.

DONZELOT (Jacques). – *L'invention du social ; essai sur le déclin des passions politiques.* Paris, Editions Fayard, 1984.

DUVIGNAUD (Jean). – *La solidarité ; Liens de sang et liens de raison.* Paris, Editions Fayard, 1986.

ESPLUGAS (Pierre). – *Le service public.* Paris, Editions Dalloz, 1997.

FITOUSSI (Jean-Paul) et ROSANVALLON (Pierre). – *Le nouvel âge des inégalités.* Paris, Editions Le Seuil, 1996.

FOUCAULT (Michel). – *Les mots et les choses ; une archéologie des sciences humaines.* Paris, Editions Gallimard, 1966.

FOUCAULT (Michel). – *Surveiller et punir ; naissance de la prison.* Paris, Editions Gallimard, 1975.

GOFFMAN (Erving). – *Asiles ; études sur la condition sociale des malades mentaux.* Paris, Editions de Minuit, 1968.

GOFFMAN (Erving). – *La mise en scène de la vie quotidienne ; la présentation de soi.* Paris, Editions de Minuit, 1973.

GOFFMAN (Erving). – *La mise en scène de la vie quotidienne ; les relations en public.* Paris, Editions de Minuit, 1973.

GOFFMAN (Erving). – *Les rites d'interaction.* Paris, Editions de Minuit, 1974.

GOFFMAN (Erving). – *Façons de parler.* Paris, Editions de Minuit, 1987.

GOFFMAN (Erving). – *Stigmate ; les usages sociaux des handicapés.* Paris, Editions de Minuit, 1975.

GRAWITZ (Madeleine). – *Méthodes des sciences sociales.* Paris, Editions Dalloz, 1976.

GUERRAND (Roger), RUPP (Marie-Antoinette). – *Brève histoire du service social en France, de 1896 à 1976.* Toulouse, Editions Privat, Collection Regard, 1988.

HIRCH (Emmanuel/Sous la direction de). – *Espace éthique ; éléments pour un débat ; travaux 1995 - 1996.* Paris, Doin Editions/AP-HP, 1997.

KNIEBIEHLER (Yvonne). – *Nous les assistantes sociales - Naissance d'une profession.* Mayenne, Editions Aubier, Collection historique, 1980.

LAMARQUE (Patrick). – *Les désordres du sens ; alerte sur les médias, les entreprises, la vie publique.* Paris, ESF Editeur, 1993.

LA ROSA (Emilio). – *Santé, précarité et exclusion.* Paris, Editions PUF, 1998.

LESELLIER (A.), DUHAMEL (Georges), LECLAINCHE (X.). – *Hommage à Mme Georges Getting, fondatrice du service social à l'hôpital.* Paris, Editions La Revue de l'Assistance Publique, 1957.

LOUSTE (Sous la direction du docteur). – « Le service social à l'hôpital », extrait de *l'Hygiène sociale,* n° 98. Paris, Editions Le Moil et Pascaly, 1933.

MAISONDIEU (Jean). – *La fabrique des exclus.* Paris, Bayard Editions, 1997.

MINC (Alain). – *L'après-crise est commencée.* Paris, Editions Gallimard, 1982.

MINC (Alain). – *La machine égalitaire.* Paris, Editions Grasset, 1987.

MINC (Alain). – *L'argent fou.* Paris, Editions Grasset, 1990.

MORFAUX (Louis-Marie). – *Vocabulaire de la philosophie et des sciences humaines.* Paris, Editions Armand Colin, 1980.

MORIN (Edgar). – *Science avec conscience.* Paris, Editions Fayard, 1982.

MORIN (Edgar). – *Introduction à la pensée complexe.* Paris, ESF Editeur, 1990.

MOUSSY (Christiane). – *Evolution du service social des hôpitaux de l'Assistance Publique à Paris.* Mémoire de maîtrise en sciences et techniques de l'expression et de la communication (sous la direction de Michel Legros), juin 1985.

MUZARD (Marie). – *Ces grands singes qui nous dirigent. Ethnologie du pouvoir dans l'entreprise.* Paris, Editions Albin Michel, 1993.

RAWLS (John). – *Théorie de la justice.* Paris, Editions Le Seuil, 1987.

ROSANVALLON (Pierre). – *La nouvelle question sociale ; repenser l'état providence.* Paris, Editions Le Seuil, 1995.

ROSNAY (Joël de). – *Le macroscope.* Paris, Editions Le Seuil, 1977.

RUPP (Marie-Antoinette). – *Quarante années d'action sociale en France (1946-1986) ; un canevas pour les travailleurs sociaux.* Toulouse, Editions Privat, 1986.

SCHMIDT-KERHOAS (Valérie). – *Les travailleurs sociaux et le droit pénal.* Paris, Editions L'Harmattan, 1998.

TOURAINE (Alain). – *La société postindustrielle.* Paris, Editions Denoël, 1969.

« Depuis cent ans, la société, l'hôpital (et les pauvres). » Musée de l'Assistance Publique-Hôpitaux de Paris, Editions Doin, 24 octobre 1996 - 2 mars 1997.

Revue *l'Action sociale*. – « Assistantes sociales en milieu hospitalier : cap sur la réflexion stratégique ». Paris, septembre 2001.

Revue *Cap social*. – « Assurance maladie - Sécurité sociale - Caisse primaire de Paris », n° 12, décembre 1998.

Revue *Informations sociale*. – « Budgets précaires ». Paris, Caisse nationale des allocations familiales, n° 86/2000.

Revue *Informations sociale*. – « Aide et action sociale : qui paye ? » Paris, Caisse nationale des allocations familiales, n° 87/2000.

Décret n° 93-652 du 26 mars 1993.

Loi n° 88-1088 du 1er décembre 1988. – *J.O.* du 3 décembre 1988.

Loi n° 98-657 du 29 Juillet 1998. – *J.O.* du 31 juillet 1998.

Ministère de l'Emploi et de la Solidarité. – Le programme et la loi de prévention et de lutte contre les exclusions. Paris, Direction des Journaux officiels, 1998.

Loi n° 99-641 du 27 juillet 1999 - *J.O.* du 28 juillet 1999.

Annexe

(J. Beaugrand, E. Caubet, M.-N. Lefloch, F. Roland et S. Ségouin, Paris, AP-HP, 2000.)

QUESTIONNAIRE SUR LES MISSIONS ET RESPONSABILITES DU CADRE SOCIO-EDUCATIF A L'AP-HP

Votre hôpital :
- nombre de directeurs adjoints ❑❑
- nombre de cadres socio-éducatifs ❑❑
- nombre de CSE responsable du service social ❑❑
  déchargé de service clinique ❑❑
- nombre d'assistants de service social ❑❑
- nombre de secrétaires sociales ❑❑
- temps/semaine secrétaire sociale du CSE ❑❑

Votre hiérarchie :
- directeur d'établissement ❑
- directeur adjoint aux ressources humaines ❑
- directeur adjoint services financiers ❑
- directeur adjoint clientèle ❑
- directeur adjoint qualité ❑
- autres *(précisez)* : _____
  (joindre organigramme à jour)

Année de votre nomination   19 ❑❑
                                2000

Date de votre rattachement hiérarchique   19 ❑❑
                                          2000

Fidélisation hiérarchique sur le même établissement ❑

Existe-t-il une fiche de poste ❑
(Pourriez-vous la joindre ?)

Votre formation :
- DSTS ❑
- IESCH ❑
- management ❑
- autres *(précisez)* : _____

Votre remplacement est assuré par :
- un autre cadre ❏
- un(e) assistant de service social ❏
- autres *(précisez)* : ———————————————

Disposez-vous :
- d'une unité administrative ❏
- d'un budget :
  ⇨ de fonctionnement ❏
  ⇨ d'équipement ❏
  ⇨ de documentation ❏
  ⇨ de logistique informatique ❏
  ⇨ de formation continue ❏

Votre organisation :
1° Elaboration d'un plan annuel :
   - d'équipement ❏
   - de fonctionnement ❏
   - de documentation ❏
   - de logistique informatique ❏
2° Existe-t-il une conférence budgétaire spécifique au service social ? ❏
3° Existe-t-il une procédure de recrutement formalisée ❏
   (précisez laquelle) : ———————————————
   ⇨ pour les assistants de service social : ———————
   ————————————————————————————
   ⇨ pour les secrétaires sociales : ———————————

4° Quelle est votre responsabilité ?
   - dans le recrutement
   ⇨ des assistants de service social : ———————
   ————————————————————————————
   ⇨ des secrétaires sociales : ———————————
   ————————————————————————————
   - pour les remplacements des congés : postes vacants, TP, CM, Cmater, CLD, CA bonifiés : ———————
   - dans l'affectation des effectifs lors des restructurations médicales : ———————————————

5° Dans les situations suivantes :
   a) faux et usage de faux en écriture et signature ❏
      - à l'encontre des usagers et/ou des familles ❏
   b) droit à l'image des professionnels sociaux ❏
      - protection de l'image ❏
      - valorisation de l'image (radio, TV) ❏

  c) agression ❏
  d) toute forme de harcèlement ❏
  e) témoignage auprès des tribunaux ❏
Avez-vous :
 • informé votre hiérarchie ? *(précisez a, b, c, d)* _____ ❏
 • sollicité l'intervention de votre hiérarchie
  (précisez a, b, c, d, e) _____ ❏

Votre management :
 1° réunion d'équipe ❏
  • périodicité : _____
  • contenu :
   ⇨ informatif ❏
   ⇨ élaboration et poursuite de projets ❏
   ⇨ invitation d'intervenants extérieurs ❏
   ⇨ autres _____ ❏
 2° animation de groupes à thème ❏
 3° études cliniques de situations sociales ❏
  • collectives ❏
  • individuelles ❏
 4° élaboration du rapport d'activités ❏
 5° élaboration du projet du service social ❏
 6° élaboration d'un plan annuel de formation ❏

Vos stratégies de management :
_____
_____
_____
_____
_____
_____
_____

Evaluation :
 1° du CSE :
  • qui évalue ? _____
  • qui note ? _____
 2° des assistants de service social :
  • avec le concours du médecin responsable ❏
  • avec l'avis du médecin responsable ❏
  • en tenant compte des remarques des différentes équipes ❏
 3° des secrétaires sociales :
  • avec le concours de l'assistante sociale ❏
  • avec l'avis de l'assistante sociale ❏
 4° mise à jour des fiches de poste ❏

Votre fonction pédagogique :
  1° en faveur des assistants de service social
     et des secrétaires nouvellement arrivés ❏
  2° avez-vous une activité d'enseignement ?
    • dans les centres de formation en travail social ❏
    • autres *(précisez)* : ⎯⎯⎯⎯⎯⎯⎯⎯⎯⎯
  3° en faveur des stagiaires ❏
    • qui accorde la mise en stage ?
      ⇨ le CSE ❏
      ⇨ le maître de stage ❏
      ⇨ le service de formation ❏
    • travaillez-vous de manière privilégiée avec
      certaines écoles ? ❏
      Si oui, pourquoi ? ⎯⎯⎯⎯⎯⎯⎯⎯⎯⎯
    • l'accueil des stagiaires est-il limité du fait :
      ⇨ des conditions matérielles (locaux...) ❏
      ⇨ du manque de disponibilité (charge de travail,
         congés...) ❏
      ⇨ autres *(précisez)* : ⎯⎯⎯⎯⎯⎯⎯⎯

Votre fonction de représentation :
  1° dans l'établissement (réunions des cadres, accréditation...) *(précisez)* ⎯⎯⎯⎯⎯⎯⎯⎯⎯⎯
  2° à l'AP-HP (réunions d'éthique, journées de la Villette...)
    (précisez) ⎯⎯⎯⎯⎯⎯⎯⎯⎯⎯
    3° à l'extérieur (plan départemental d'accès aux soins
       des plus démunis...)
    (précisez) ⎯⎯⎯⎯⎯⎯⎯⎯⎯⎯

Vos responsabilités dans la mise en œuvre de l'action sociale :
  1° appel aux instances internes à l'AP-HP :
    votre hôpital, le département des Droits du malade,
    la Direction des affaires juridiques..., pour :
    • difficultés d'orientation de certains malades ❏
      (états végétatifs, polypathologies...)
    • dysfonctionnement dans l'accès et la continuité
      des soins ❏
  2° appel aux instances extérieures à l'AP-HP ❏
    *(procureur de la République, police judiciaire,
    brigade des mineurs, Ministères, ambassades...)*

Quelle situation vous a été particulièrement difficile à traiter au niveau de la responsabilité que vous exercez ?
⎯⎯⎯⎯⎯⎯⎯⎯⎯⎯⎯⎯⎯⎯⎯⎯⎯⎯⎯⎯⎯⎯
⎯⎯⎯⎯⎯⎯⎯⎯⎯⎯⎯⎯⎯⎯⎯⎯⎯⎯⎯⎯⎯⎯

Table des matières

PREFACE 9

INTRODUCTION 13

CHAPITRE PREMIER. – DE LA NAISSANCE DE L'INFIRMIERE VISITEUSE A SA MUTATION VERS LE METIER D'ASSISTANT SOCIO-EDUCATIF A L'HOPITAL............................... 23
   L'émergence de la médecine sociale en Amérique 25
   De l'infirmière visiteuse à l'assistante sociale en France.. 28
   Incidences des politiques sociales et de santé 31
   Du concept médico-social au concept socio-éducatif..... 36
   Position actuelle des cadres socio-éducatifs à l'AP-HP... 42
   Limites de l'organisation........................... 47
   Les stratégies utilisées 57
   Autonomie de la pratique de l'intervention sociale...... 59
   Interdépendance de la sociologie de l'organisation hospitalière....................................... 63
   La responsabilité : privilège ou servitude ? 66
   Recommandations 70

CHAPITRE II. – GALERIE DE PORTRAITS............. 73
   N° 1 : Se protéger / Combattre 80
   N° 2 : Se renforcer / Mobiliser...................... 86
   N° 3 : Assurer ses bases / Promouvoir 91
   N° 4 : Réguler les relations internes et externes / Développer..................................... 95
   N° 5 : Se fondre / Chacun selon ses résultats 99
   N° 6 : S'engager / Promouvoir l'initiative 103
   N° 7 : Participer / Respecter les individus............. 105
   N° 8 : Adhérer / Considérer les individus 111

CHAPITRE III. – LIVRET EXPLICATIF.................. 115
    De l'intervention sociale 117
    De l'exigence de qualité 120
    Du management : organisation et gestion 125
    Du défi de l'action sociale 129
    De la déontologie : indicateurs professionnels.......... 132
    Du phénomène de régulation d'urgence 137
    Des échanges collectifs 140

CONCLUSION..................................... 145

LEXIQUE... 159

BIBLIOGRAPHIE.................................. 165

ANNEXE. – Questionnaire sur les missions et responsabilités du cadre socio-éducatif à l'AP-HP 169

TABLE DES MATIERES 173

655071 - Mai 2016
Achevé d'imprimer par